主體

人合一的思想內涵

楊國霞編著

崧燁文化

目錄

文化主體：天人合一的思想內涵
目錄

養生精要 天人相應

思想源流 天人之理

　　「天人合一」是中國古代的一種政治哲學思想，基本概念在於人類的政治、倫理等社會現象都是自然的直接反映。

　　中國最早的神話傳說如「盤古開天闢地」、「女媧造人補天」等，皆蘊含著這樣的概念。

　　「天人合一」最早起源於夏商周時期，後經歷代思想家如老子、孔子、莊子、董仲舒、張載等人的理論闡釋和實踐發展，最終成為完整的哲學思想體系。此為歷代王朝施政時的重要思想源泉，由此建構出中華傳統文化的主體。

▌盤古開天闢地創造世界

■盤古畫像

　　傳說，太古時代天地不分，整個宇宙是一個中間有核的渾圓體，就像一個大雞蛋，裡面混沌一團，漆黑一片，既分不清上下左右，也辨不出東西南北。這個「雞蛋」中孕育著一個偉大的英雄，他就是開天闢地創造人類世界的始祖盤古。

　　盤古，又稱盤古氏，混沌氏。盤古在「雞蛋」中足足沉睡了一萬八千年才醒來。在有了知覺的那一刻，他便迫不及待地睜開眼睛，可是周圍一片黑暗，他什麼都看不見，而且渾身酷熱難當，簡直透不過氣來。他想站起來，但「雞蛋殼」緊緊地包著他的身體，連舒展一下手腳也辦不到。

　　急切間，盤古拔下自己的一顆牙齒，把它變成威力巨大的神斧，用力向周圍劈砍。

　　只聽見「轟」地一聲巨響，震耳欲聾，「大雞蛋」驟然破裂，其中輕而清的東西不斷向上飄升，變成了天空；另一

些重而濁的東西，漸漸下沉，變成了大地。盤古就這樣頂天立地地誕生於天地之間。

盤古在天地間不斷長大，他的頭在天為神，他的腳在地為聖。天每日昇高一丈，地每日增厚一丈，盤古每日生長一丈。如此一日九變，又經過了一萬八千年，天變得極高，地變得極厚，盤古的身體也變得極長。

就這樣不知道又經歷了多少萬年，終於天穩地固，不會重新復合了，這時盤古才放下心來。盤古想用自己的身體創造出一個充滿生機的世界，於是他微笑著倒了下去，把自己的身體奉獻給大地。

盤古倒下時，他的頭變成東嶽泰山，他的腳變成西嶽華山，他的左臂變成南嶽衡山，他的右臂變成北嶽恆山，他的腹部變成中嶽嵩山。這五座山就是著名的「五嶽」，是中國五大名山。

盤古在倒下去的剎那間，將自己的兩眼獻給了天空，左眼變成了太陽，給大地帶來光明和希望，右眼變成了月亮，把太陽的光輝反射到大地；將兩眼中的液體撒向天空，變成夜裡的萬點繁星，讓天空變得異常美妙；將汗珠變成了湖泊，成為地面的內陸盆地中的水體，把大地裝點得萬般美麗；將血液變成了奔騰的江河，成為長江和黃河；將毛髮變成了草原和森林，讓大地變得生機勃勃；將呼出的氣體變成了清風和雲霧，清風帶著雲霧播灑雨露，滋潤大地上的萬物；將聲音變成了雷鳴，電閃雷鳴後的雨露更能滋潤春苗。

文化主體：天人合一的思想內涵

思想源流 天人之理

　　盤古以超人的神奇力量，為人類開闢天地，並帶來光明。從此以後，人世間有了陽光雨露，大地上有了江河湖海，萬物滋生，人類開始繁衍。隨著天地的演變，高山的地方草木蔥蘢，低矮的地方沃野千里，尤其是大江、大河、大平原之處更是氣候宜人，物產豐美。

　　盤古開天神話在中國南方少數民族間也廣泛流傳。苗族、瑤族向來崇奉盤古，有的稱為「盤瓠」，把他看作自己的祖先。壯族、侗族、仫佬族等民族也盛傳盤古，把盤古看作開天闢地的人類始祖。其中壯族先民建有追葬盤古氏之魂的「墓地」，還立有盤古的廟宇。

　　有關盤古開天的記載，最早見於三國時吳國太常卿徐整所著的《三五歷紀》，其中寫道：

　　天地渾沌如雞子，盤古生其中。萬八千歲，天地開闢，陽清為天，陰濁為地。盤古在其中，一日九變，神於天，聖於地。天日高一丈，地日厚一丈，盤古日長一丈。如此萬八千歲，天數極高，地數極深，盤古極長。後乃有三皇。

　　意思是說，世界開闢以前，天和地混沌成一團，像個雞蛋一樣，盤古就生長在其中。過了一萬八千年，天地分開了，輕而清的陽氣上升為天，重而濁的陰氣下沉為地。盤古在天地中間，一天中有多次變化，智慧比天還要高超，能力比地還要強大。天每日昇高一丈，地每日增厚一丈，盤古也每日長大一丈。這樣又過了一萬八千年，天升得非常高，地沉得非常深，盤古也長得非常高大。天地開闢了以後，才出現了世間的三皇。

除了《三五歷紀》中的記載外，南朝梁代文學家任昉的《述異記》、唐代書法家歐陽詢的《藝文類聚》、明代學者董斯張的《廣博物誌》、清代歷史學家馬驌的《繹史》等古籍中也有類似的記載。

這些關於盤古的古籍記載，至少說明了一個問題：當人們的思想意識逐步發展起來後，首先要解決的是關於自身的問題，即「人從哪裡來」，然後去尋求解決「我們所生存的環境，這個世界是從哪裡來？」的問題。

神話時代的故事和古籍記載表明，盤古是古人心目中最偉大的神。盤古的形象表現古人宇宙觀的初始形態：盤古「出生」的時間就是宇宙的歷史起源，「盤古」就是這個宇宙主體的名字，人類及其他所有的星球，都是盤古體內的一部分。

盤古開天闢地，是古人對人類始祖的神化，表現出人們嚮往光明、為造福社會無私奉獻的偉大精神，同時也反映中國古人的宇宙觀，奠定中國後世哲學「天人合一」思想的核心。

在中國思想史上，「天人合一」的信念是宋代思想家張載提出的，其基本表述是：天與人是世間萬物矛盾中最核心最本質的一對矛盾，天代表物質環境，人代表思想主體，合是矛盾間相生相依併合理轉化。

盤古開天闢地神話蘊含著「天人合一」的宇宙觀。首先，「天人合一」強調以人為本。宇宙自然是大天地，人則是一個小天地，天人相應，或天人相通。也就是說，人體小宇宙，宇宙大人體，天地為人所生，也為人所存在。這種以人為重

點的天人之學，可以稱為人文哲學。盤古原是天地的組成部分，後來化為天地之間的山川萬物；而天地間萬物運行的「陰陽法則」所強調的，恰恰就是上為天，下為地，天地原為一體，天地就是按照人的需要來造的。

其次，「天人合一」信念認為，天是賦予人吉凶禍福的存在，人與自然是密切相關的。人和自然在本質上是相通的，故一切人事均應順乎自然規律，達到人與自然的和諧。

盤古的身體化為天地及萬物，但萬物之間的聯繫仍然不會停止。天上有日月星辰，地上有山川草木，中間是風雨雷電，萬物載之於地而依天時變化生長，彰顯人與自然的依存關係。

總之，盤古開天闢地神話故事是古人的智慧結晶，說明世間一切事物的因果關係。同時，由這個神話中「垂死化身」延伸而成的「天人合一」的宇宙觀，具有極古老的原始性和極大的普遍性，影響中國的歷史文明，為後世哲學提供了豐富的基礎。

閱讀連結

相傳盤古開天之後，把自己的身體變成天地萬物。過了不知道多少年，在今河南新鄭一帶出現了華夏族，其中有一個部落首領叫少典。有一天，少典經過潁水時，不小心濺到了河水，這河水其實是盤古的血液化成的。剎那間，天空長虹貫日，氣象萬千，祥瑞祥和。少典見天現祥瑞，決定將自己的部落建成有熊國，他就是第一任有熊國的國君。

經過了若干年後，少典有了孩子，這個孩子就是軒轅黃帝。後來，軒轅黃帝與華夏族的神農氏部落首領炎帝結盟，熱心為百姓辦事，深受人們愛戴，成為中華民族的祖先。

女媧摶土造人煉石補天

■女媧造人繪畫

據民間神話故事，開天闢地的大英雄盤古去世後，天地間只有「創世女神」女媧一個人孤零零地生活，因此她感到非常寂寞孤獨。

有一天，女媧經過黃河河畔，想起盤古開天闢地創造了山川湖海、飛禽走獸，改變原本寂靜的世界。但是，女媧總覺得這世界還是少了點什麼，但又一時想不到是什麼。

女媧苦思冥想，當她看到黃河河水裡自己的倒影時，頓時恍然大悟：原來世界上還缺少了像自己這樣的「人」。於是，女媧決定仿照自己的樣子，用泥巴捏人，希望這個人能成為和自己一樣有生命力的人。

泥人捏好後，女媧往泥人身上吹了一口靈氣，泥人頓時變成了活人。女媧高興地手舞足蹈，領著自己捏的第一個黃土人玩耍。

後來，女媧不分白天晝夜地到各地捏泥人，黑泥巴捏黑人，白泥巴捏白人，忙忙碌碌的捏人工作讓女媧很是勞累，她便拿了根繩子投入泥漿中，舉起繩子一甩，泥漿灑落在地上，轉眼間變成了無數個人。

女媧用黃泥造人，日月星辰各司其職，人民安居樂業，四海歌舞昇平。

其實，在中國遠古神話中，盤古是最主要的創世神。盤古在開闢天地之後無私奉獻，將身體髮膚化生萬物，當然也包括人類。但是，關於人類的來源，流傳更廣的是女媧摶黃土造人的神話。

女媧，又稱媧皇、女陰娘娘，史記女媧氏。最早記載女媧之名的古籍是《山海經‧大荒西經》：

有神十人，名曰女媧之腸，化為神，處栗廣之野。

意思是說，有十位神人，名喚「女媧腸」，皆為女媧之腸所變成之神，到了西方的大荒去了，守護在「栗廣之原野」這個地方。

古籍中最早確切提出女媧造人故事的是東漢學者應劭的《風俗通義》：

俗說天地開闢，未有人民，女媧摶黃土作人。劇務力不暇供，乃引繩於泥中，舉以為人。

意思是說，民間傳說，天地開闢之初，大地上並沒有人類，是女媧摶捏黃土造了人。她又忙又累，竭盡全力卻沒有足夠的時間精力，於是她拿了繩子把它投入泥漿中，舉起繩子一甩，泥漿灑落在地上，變成一個個人。

民間俗說中的女媧摶黃土造人，已經將女媧情感化，稱女媧感到「孤獨」才造人陪伴自己，並未給其添加什麼神聖的意義，人只是自然的一個組成部分，並不凌駕於自然之上。這個主題與後來的「天人合一」哲學思想是相契合的。

同時，女媧用泥土造人，也是農耕時代人們對人類與土地關係的直觀表達，反映人們與滋養他們的土地有著與生俱來、不可分離關係的歷史根基。這同樣與「天人合一」思想相契合。

女媧還有另一項偉大的壯舉，那就是「煉石補天」。根據《史記‧補三皇本紀》記載，水神共工造反，與火神祝融交戰。共工被祝融打敗了，氣得用頭去撞西方世界的支柱不周山，導致天空塌陷，天河之水注入人間。女媧不忍人類受災，於是煉出五色石補好天空，折神鰲之足撐四極，平洪水殺猛獸，從此天地得以永固，人類得以安居。

關於女媧「煉石補天」，西漢淮南王劉安等人編著的道家著作《淮南子‧覽冥篇》中記載說：

往古之時，四極廢，九州裂，天不兼覆，地不周載，火炎而不滅，水浩洋而不息，猛獸食顓民，鷙鳥攫老弱。於是女媧煉五色石以補蒼天，斬鰲足以立四極，殺黑龍以濟冀州，

文化主體：天人合一的思想內涵

思想源流 天人之理

積蘆灰以止淫水。蒼天補，四極正；淫水涸，冀州平；狡蟲死，顓民生。

意思是說，遠古之時，支撐天地四方的四根柱子坍塌了，大地開裂，天不能完整地覆蓋萬物，地不能全面地容載萬物，火勢蔓延而不能熄滅，水勢浩大而不能停止，兇猛的野獸吃掉善良的百姓，兇猛的禽鳥用爪子抓取老人和小孩。於是，女媧冶煉五色石來修補蒼天，砍斷海中巨龜的腳來做撐起四方的柱子，殺死黑龍來拯救人民，用蘆葦灰來堵塞洪水。天空被修補了，天地四方的柱子重新豎立了起來；洪水退去，中國的大地上恢復平靜；兇猛的鳥獸都死了，善良的百姓存活下來。

女媧煉石補天是一項艱苦的工作，不是吹口仙氣就把天補上了，而是先要「煉」石，這是需要一段過程的。同時，在完成補天的工作之後，她還「斬鼇足以立四極，殺黑龍以濟冀州，積蘆灰以止淫水」，這些工作，沒有一項是輕輕鬆鬆就可以完成的。

雖然女媧補的天不一定就是共工氏破壞的，但她補的天一定是有問題的。她煉五色石補蒼天，斷鼇足以立天之四極，積蘆灰以止洪水，是人類改變環境最早的想像。其實，「女媧補天」的神話背後，傳遞出諸多的遠古訊息和智慧啟迪。女媧為何不是「改天」而是「補天」？這便是「順天應道」。

古人認為，天道不可違，人只能主動認識、發現和利用天道，趨利避害，謀求與大自然和諧共處。後世哲學所強調的「天人合一」，貴在一個「和」字。失和則失道，失道則

後患不遠。女媧煉石補天，貴在「人」與「天」合，順應了自然之道。

隨著農業文明的進步，農業自然經濟在古代社會得以持續且大幅度地發展。人們為了祈求風調雨順，便崇尚自然、祭拜自然，追求人與自然關係的和諧。在這個過程中，「天人合一」思想便自然而然地貫徹其中。

由於「盤古開天闢地」、「女媧造人補天」等神話傳說所蘊含的「天人合一」思想的發展，人與環境之間的日益緊密聯繫與頻繁溝通，更增加了中國古代文化的豐富內涵。

閱讀連結

相傳女媧在補天之後，再次開始用泥造人，每造一人就取一粒沙作計，終而成一碩石。女媧將其立於西天靈河畔。此石因其始於天地初開，受日月精華，靈性漸通，不知過了幾載春秋，只聽天際一聲巨響，一石直插雲霄，大有吞噬天、地、人三界之勢。

女媧急施法將石封住，心想自造人後，獨缺姻緣輪迴神位，便封它為三生石，賜它法力三生決，將其三段命名為前世、今生、來世，並在其身添上一筆姻緣線，從今生一直延續到來世。為了約束其邪性，女媧思慮再三，最終將其放於鬼門關忘川河邊，掌管三世姻緣輪迴。自此石立後，跪求姻緣輪迴者便絡繹不絕。

▋歷代追求的天人合一觀

■顓頊彩像

　　傳說時代之初，人們在「神人以和」的願望支配下，在大地上造出很多可以登天的天梯，人們可以透過天梯自由地往來於天地之間，比如崑崙山、日月山等。其中崑崙山最為著名。

　　崑崙山天梯為傳說時代的第一位帝王黃帝所造。攀登崑崙山，爬到山腰，可以長生不死；攀到山頂，就可以得道；再往上攀，到了極頂，便可以當神仙了。

　　有了高山等眾多天梯，人神交往很自由，對天帝管理人間很有好處。但是，天神也分善神和惡神，有的惡神偷偷跑到人間來幹壞事，挑動人間爭鬥，甚至發動戰爭，擾亂了人間的社會秩序。

黃帝的孫子顓頊對這種人神之間界限不清、相互摻雜的混亂局面大為光火。他繼承帝位後，決定要徹底整頓天庭和人間的秩序。

治理整頓第一件要做的事情，就是阻斷天地之間的通道。顓頊首先派朝中五位最大的官員負責把所有能上下天庭的高山剷平、把大樹砍倒，沒了上下的天梯，凡人便上不了天庭。

顓頊接著命令自己的孫子「重」兩手托天，奮力上舉；又令另一個孫子「黎」兩手按地，盡力下壓。於是，天地之間的距離越來越大，以至於除了崑崙天梯，天地間的通道都被隔斷。

而後，他又命「重」和「黎」分別掌管天上眾神事務及地上神和人的事務。此後，天地間神人不經「重」、「黎」許可便不能夠隨便地上天下地了。

顓頊還找了一個叫「噎」的大力神，看守日月山的天門，監督日月星辰按秩序回山。這樣一來，神人不雜了，陰陽有序了，顓頊也滿意了，他覺得自己把國家治理得和諧穩定了。

顓頊的「絕地天通」之舉，是中國傳說時代故事中天帝與人帝的分界嶺。「絕地天通」之前，地上的帝王因為兼管天庭和地上的萬物，所以稱為「天帝」；「絕地天通」之後，地上的帝王其權力只能管理人間，而沒有權力管理天庭的事務了，所以稱為「人帝」。自「絕地天通」以後，與「天」相通的權力成了地上王權的象徵，「天人合一」就從此前的「神人以和」轉變為「天王合一」。

文化主體：天人合一的思想內涵

思想源流 天人之理

　　中國古人探究「天」與「人」的關係自黃帝開始，貫穿中華民族歷史發展的整個過程。在黃帝、顓頊之後，隨著地上王權觀念的發展，「天」與「人」的關係更為密切，並逐漸發生改變。

　　從信史時代的夏代開始，人們有了「夏王朝的存在是因為受命於天」的思想。夏代末年，夏桀殘暴昏聵，民不聊生，於是商人部落首領成湯開始伐夏桀。成湯在伐夏桀前，在其所作的《湯誓》中這樣寫道：

　　格爾眾庶，悉聽朕言，非台小子敢行稱亂，有夏多罪，天命殛之。

　　意思是說，告訴天下百姓，你們仔細聽著，不是我這個人敢隨便造反作亂，而是夏桀這人罪惡滔天，因此上天命令我來滅掉他。

　　成湯就是在這個天命的號召下，率領軍隊滅掉夏桀，最後建立起商政權。

　　商代人傳說，帝嚳的次妃簡狄是有娀氏的女兒，與別人外出洗澡時看到一枚鳥蛋；簡狄吞下去後，懷孕生下了契，契就是商人的始祖。因此商代人有「天命玄鳥，降而生商」的思想。

　　「天命」，即上天之意旨，由天主宰的命運。由於當時的人們知識貧乏，所以把一切都歸為天命，再加上契是天命所生，所以其臣民自當臣服，豈敢逆天。連商王朝末代帝王紂王被周武王姬發打敗自焚時都曾說過「嗚呼！我生不有命

在天？」這樣的話，意思是說，老天啊！我的生命，不是上天賜予我的嗎？

西周王朝建立以後，由於受到「敬天保民」天命思想的支配，周武王於西元前一一八四年詢問大臣箕子：「箕子，上天庇蔭安定下民，使他們和睦相處，但我還不知道治國的方法。」

箕子回答說：「我聽說從前鯀堵塞洪水，胡亂處理了水、火、木、金、土五種用物，致使上天震怒，不賜給鯀九種大法，治國的常理因此敗壞了。後來，鯀被流放，禹繼位興起。上天就把九種大法賜給了禹，治國的方法因此定了下來。」

箕子所說的九種大法，一是正確處理水、火、木、金、土這「五行」，二是認真做事，三是努力施行政務，四是合理使用記時方法，五是凡事堅守大中至正之道，六是使用品德高尚的人，七是以占卜的方式進行考疑，八是注意各種徵兆並做到未雨綢繆，九是憑「五福」鼓勵臣民與憑「六極」警戒臣民。

箕子希望周武王能夠用上天的九種大法來治國，這表明當時的人們對「天」與「人」之間某種相通關係的進一步肯定。

西周時期的天人關係即神人關係，一開始就表現出「天人」關係的和諧統一，以至於成為中國傳統哲學一個重要的命題和中國文化的基本特徵之一。

到了西週末年，「天」的權威有了改變，在《詩經》中出現了很多疑天、怨天的詩篇，如「民今方殆，視天夢夢」、

文化主體：天人合一的思想內涵

思想源流 天人之理

「浩浩昊天，不駿其德。降喪饑饉，斬伐四國。昊天疾威，弗慮弗圖」。這時的「天」，其意涵有主宰的天、運命的天、意志的天。

到了春秋時期，人們對「天」的認識加深了，對「天」的敬畏感和神祕感也就減弱了。如魯國思想家孔子說自己「五十而知天命」，又說「不怨天，不尤人」；鄭國政治家子產則說「天道遠，人道邇」。

戰國時期，楚國詩人屈原的詩作《天問》，一口氣提出了一百多個問題，表現了人的探索精神，戰國末期趙國思想家荀子的《天論》則提出了「明於天人之分」的思想，鼓勵人要用天、制天，天除了自然義還有物質義的內涵。不同於二者，前期道家老子和莊子的「天」超出天命的範疇，直向自然義的天即「道」，認為道生化天地萬物，主張人要依循天道，順其自然運化。

到了秦漢時期，「天」漸漸與「人」接近，甚至在自然科學進步的情況下，漢代的人們凡是立論都喜歡舉到「天」的層次，將天道觀貫穿於人道。

秦代丞相呂不韋的《呂氏春秋》、西漢淮南王劉安及其門客集體編寫的《淮南子》，都曾經以氣、陰陽來探討「天」，出現了氣化宇宙論。西漢儒家董仲舒的《天人三策》和《春秋繁露》也以氣、陰陽探討「天」，提出「天人感應說」。東漢哲學家王充還有「天即自然之氣說」。

漢代關於「天」的立論比較著名者，當屬西漢史學家董仲舒和西漢史學家司馬遷。董仲舒從自己的角度論證了「天」，司馬遷從自己的角度論證了「天道」。

董仲舒著力闡發了《公羊傳》中大一統的思想，又吸收了墨、法、陰陽等家學說，形成有自己特色的理論體系，即天人合一政治論。

董仲舒的天人合一論建立天的無上權威，認為天的意志決定人類社會命運。他在論證天人合一、君權神授的同時，指出天的權威高於君主；君主居萬人之上，但也要尊天敬天、受天約束。

董仲舒認為天的運行有其內在的規律，具體表現在陰陽分合之道。陰陽兩方雖然共存，但二者實際上是一種主從關係。天道是這樣，所有其他陰陽關係也是這樣，都是陽的一方支配陰的一方。呈現在社會政治關係上，就是君、父、夫分別支配、決定臣、子、妻。

君臣、父子、夫妻是漢初社會諸種關係中最基本、最重要的關係。這三種關係的內在法則是「君為臣綱，父為子綱，夫為妻綱」，也就是所謂的「三綱」。「三綱」根源於天，因而是神聖不可侵犯的。執政者只要處理好這三種基本關係，就能有效控制整個社會。這種陰陽合分論，為漢初君主政治提供精巧的合法性論證。

董仲舒的天人合一政治論，由天人關係、天道運行規律證明君權至上和等級原則；他主張以天制約君主，整合原則

和靈活應變，進而提高執政階級的政治適應能力。這便是儒家學說成熟的展現。

　　相反的，司馬遷對「天道」是有懷疑的。《道德經》第十七章中有一句話稱：「天道無親，常與善人。」意思是自然法則不分親疏，總是把善果報應善人。司馬遷在《史記．伯夷叔齊列傳第一》中反駁了這句話，寫道：

　　若伯夷、叔齊，可謂善人者非邪？積仁潔行，如此而餓死。且七十子之徒，仲尼獨薦顏淵為好學。然回也屢空，糟糠不厭，而卒蚤夭。天之報施善人，其何如哉？盜跖日殺不辜，肝人之肉，暴戾恣睢，聚黨數千人，橫行天下，竟以壽終，是遵何德哉？

　　意思是說，像周代的伯夷、叔齊，是善人，最終落到餓死的下場；顏回是孔子徒弟裡最優秀的人，好學簡樸，也是善人，但是很早就死了；上天究竟是怎麼報答善人的？而像大盜柳下跖每天都殺無辜的人，吃人肉，橫行天下，暴行纍纍，最後竟然獲得老死善終的結果。究竟是遵循哪家的天道之德？

　　司馬遷對天道如此激憤、懷疑，是他自己的不幸遭遇使然。由於他為出擊匈奴落敗的西漢名將李陵說了幾句公道話，竟受腐刑，蒙莫大恥辱。這種遭遇加深了他對天道的懷疑。

　　司馬遷明確指出，他之所以寫作《史記》，是想「究天人之際」，即研究自然現象和人類社會的關係，反映出他作為一個歷史學家「通古今之變」的眼光和「成一家之言」的志向。

「究」和「通」，是司馬遷史學思想中兩盞高照的明燈。他「通」得更透，「究」得稍遜，在他那個時代已屬不易，高出於人。

隋唐時期，實行儒、釋、道三教並行政策，佛教盛行，道教也得到極大發展，此時思想出現儒釋道合流的趨勢，顏之推、王通、孔穎達主張「三教可一」。

初唐大儒孔穎達認為，從「道」到「形」需要一個仲介，這就是「氣」。「陰陽之氣」有規律的變化，才引起從「道」到「形」的轉化；他肯定「道」的地位，又強調「氣」的作用。

中唐儒學有佛學化趨勢，例如：著名的文學家韓愈一方面排佛，一方面又吸收佛教祖統說思想，提出「道統」論，藉以強調儒學的正統地位。此外韓愈的「治心」論和佛、道宗教哲學是一致的，不同的是「治心」之外還主張「治世」。韓愈用三教共同使用的範疇「道」補充中唐儒學的內容。

在唐代，儒學思想出現一種承先啟後、推陳出新的過渡趨勢，並對董仲舒的「天人感應說」之謬誤提出強烈的批評。如儒學家柳宗元認為受命不在天而在人，真正美好的是一個人自身的仁德，而非天降吉兆；有「詩豪」之稱的劉禹錫認為，天命論的產生是基於對自然客觀事物規律性的不理解，因而堅持發展荀子「天人相分」、人定勝天的思想，提出「萬物乘氣而生」以及「天與人交相勝，還相用」，使「天人感應說」和讖緯迷信再也不能成為主流思想。

經過魏晉南北朝時期，特別是隋唐的儒、釋、道三教相爭，到了宋代，有關「天」與「人」的關係發展為占主導地

文化主體：天人合一的思想內涵

思想源流 天人之理

位的哲學傾向，幾乎為各派哲學家所接受。這是因為，當時的哲學家普遍關係關於世界統一性、主體與客體的關係以及自然與社會的關係這類的問題；他們利用傳統的「天」、「人」命題來表述對此之看法，是一種最方便的形式。

北宋時期，哲學流派叢生，新義紛呈。號稱北宋「五子」的周敦頤、程顥、程頤、邵雍、張載，他們既是著名的哲學家，又是著名的易學家，他們紛紛汲取道家學說來補充自己的天道觀。

周敦頤在《太極圖說》中，給出了「無極」、「太極」、「天道」、「道地」、「人道」、「人極」等命題。在《通書》裡，這些命題基本都有註解。他認為人與自然和諧相處，才能天理存，地利順，人心和。

程顥、程頤站在唯心主義立場，確立自然之天作為本原。程顥認為世界統一於理，理是具有道德屬性的觀念性實體，因而「天」與「人」的關係就建立在這個理的基礎上。程頤認為，理就是天，它賦予人即為性。因為性稟受於理，他說「性即理也，所謂理，性是也。」

邵雍研究和探討的是「天人合一」的自然界演變規律。作為一位儒家學者，邵雍注重實現自我超越。

張載建立了「太虛即氣」的氣化宇宙論，並將其發展為儒家上承孔孟下至北宋的天人之學架構。張載首次明確提出了「天人合一」的命題，他是將這四個字連在一起的第一個人，在中國古代哲學史上具有重要意義，為以後的「天人合一」發展開先河。

「天人合一」的思想發展到明清之際，明末清初思想家王夫之繼承張載的觀點，肯定氣是「天人合一」的基礎，認為「天人之蘊，一氣而已。」王夫之認為，人道與天道即道德原則和自然規律，二者是相通的。他在《尚書引義》中說：「天與人異形離質，而所繼唯道也。」這是說父子雖然不同體，但是兒女應該繼承父母的志願；天與人雖然不同體，但是人要遵循天道行事，這樣天人就可以合一了。

從黃帝時期借由天梯登天以求「神人以和」，到北宋哲學家張載提出「天人合一」命題，從絕對的天、絕對的人，到以「氣」為媒介，再落到人的心性、生命，中國人已經走了數千年的歷程。直至現在，現代人仍從「天人合一」思想中汲取營養，持續不懈地追求。

閱讀連結

古人尊崑崙山為「萬山之宗」、「龍脈之祖」、「龍山」、「祖龍」，因而編織出了許多美麗動人的神話傳說，耳熟能詳的《嫦娥奔月》、《西遊記》、《白蛇傳》等都與崑崙山有關，是產生中華民族神話傳說的搖籃。

相傳崑崙山的仙主是西王母。在眾多古書中記載的「瑤池」，形成崑崙六月雪奇觀，水量大而穩定，為優質礦泉水，傳說是西王母用來釀製瓊漿玉液的泉水。崑崙山在中華民族文化史上有「萬山之祖」的顯赫地位，是中國第一神山。

▋道家的天人合一思想

■老子巡遊圖

　　道家學派創始人老子，是中國古代偉大的哲學家和思想家。他曾經拜西周著名學者商容為師，學習三年，學業精進，深得商容欣賞。後來被商容舉薦入周，進入太學，凡天文、地理、人倫無所不學，文物、典章、史書無所不習，學業又大有長進。

　　老子後來被太學裡的老師舉薦做了守藏室史。守藏室是周王朝典籍收藏之所，集天下之文，收天下之書，汗牛充棟，無所不有。老子處其中，如蛟龍游入大海，雄鷹展翅藍天。他如饑似渴地學習，博覽泛觀，漸臻佳境，終於名聞遐邇，聲播海內。

　　這一天，老子要到西域去開化世人，準備出函谷關。周王朝大夫尹喜當時任函谷關令，他聞報有一位仙風道骨的白

髮老翁，駕青牛之車欲出關。尹喜出門一看，但見紫氣東來，知道是聖賢之人老子來到，便立即趕來迎接，在牛車數丈前跪迎老子入關。

尹喜早就仰慕老子學問，便請老子教授自己。老子見尹喜是個可塑之才，就寫下了洋洋灑灑五千言，都是關於道德以及對宇宙、人生、社會等方面的見解，世謂之《道德經》。

尹喜按照老子的教導潛心修行。後來，老子為了經國濟世，教化世人，就帶著弟子尹喜前往西域各國弘道，雲游天下，傳講道家學說。他們西出函谷關，溯渭河西行，進入秦地，又出大散關，翻過隴山進入少數民族地區，以後又回到隴西邑的臨洮。

老子講經傳道，勸諭世人真心修煉，他還關心農桑，採藥煉丹，治病救人。人們皆感激他仁民教民、與世無爭、柔慈待人的大德大恩。

據傳說，老子後來在臨洮岳麓山「白日飛昇」，這是指人修煉得道後白日裡飛昇天界，羽化成仙。據說老子駕鳳凰飛昇雲華之上時，身現金光，五色雲良久乃沒，這一天江河泛漲，山川震動，有五色光射天，太微遍及四方。

後世的人們在岳麓山老子飛昇處修了「飛昇台」，又稱「鳳台」或「超然台」，以示紀念。另外，老子入關時的「紫氣東來」也成了中國文化中的一個符號，人們將「紫氣」當作吉祥、祥瑞的象徵，還會把「紫氣東來」這幾個字寫在大門上。

文化主體：天人合一的思想內涵

思想源流 天人之理

　　作為道家學派的創建者，老子曾經指導過孔子、啟迪他的智慧，孔子因而得以集儒門之大成；老子還將「清靜無為」及「得道飛昇」之道，下傳尹喜等人，為後人奠定了修煉文化，使人得知「修道」及「長生」之門，用以返璞歸真，遵循天理，追尋大道。

　　自從老子著成《道德經》以後，歷代道家學者都把自然當成研究的對象，並由此開始道家闡釋「天人合一」思想的研究歷程。

　　道家的最高境界在自然大道中，透過對「道」的修行領悟達到人在自然中生存的最佳狀態。換句話說，道家強調順「道」而生，應「道」而行，完成人類與自然和諧地結合。這就是道家的「天人合一」思想。

　　道家的「天人合一」思想包含道家的自然觀與其生態智慧。

　　在自然觀方面，道家注重對自然界的整體理解，認為人和天地萬物都是以「道」為本原，「道」是自然與人存在的共同基礎，也是人與萬物的共同本性。

　　對於「道」為本原、「道」生萬物，《道德經》中說：

　　道生一，一生二，二生三，三生萬物。

　　「道生一」的意思是說：「道」既是規律、法則、秩序，「一」就是生生不息的變化，「道生一」的意思是由「規律」而產生有方向性的變化。

「一生二」的意思是說：有了方向性的變化，就產生了對立，諸如作用力與反作用力、陽與陰、善與惡、天堂和地獄、支持和反對等等。

　　「二生三」的意思是說：對立的兩面都是極端的趨向，無法相互依存，二生三就產生了調和兩者的中軸。比如，天地的中軸是人，五行的中軸是中土，天堂與地獄的中軸是人間，等等。

　　「三生萬物」的意思是說：由「道」這種規則產生的方向、對立和中道，可以映射到萬事萬物上。諸如宇宙的產生、國家的政治乃至於人的身體健康運行等各個方面。

　　在探索「道」生成萬物的過程時，《道德經》提出「萬物生於有，有生於無」的觀點，意思是萬物產生於看得見的有形物質，有形物質又產生於不可見的無形物質。

　　道家認為，「有」與「無」是統一而不可分離的，物與道也是如此。在這個體制中，人既不是自大的人類中心主義，也不是無所作為臣服於自然；換句話說，人的存在和宇宙自然的存在一樣偉大。

　　老子之後的莊子發展了《道德經》自然觀，提出「萬物一體」的思想，這是從道家的宇宙生成論演化而來的天人合一論。他的「天地與我並生」，是從宇宙演化的角度來看人與自然物質的統一，認為人類生命是自然整體發展的結果。

　　莊子自然觀的第二個方面是精神層面的，即人的精神與自然的統一。它表現在順天行、循天理、合天德，從而達到

文化主體：天人合一的思想內涵

思想源流 天人之理

人們精神的最高境界，也就是精神自由的境界，同時也是「備於天地之美」的美的境界。

對於《道德經》的自然觀，莊子認為回歸自然，順應自然是人生最明智的選擇。莊子在《莊子·應帝王》中講了一個渾沌的故事：

在傳說中，南海的君王叫做「儵」，北海的君王叫做「忽」，中央的帝王叫做「渾沌」。儵和忽常常在渾沌的住所相遇，渾沌待他們很好。

儵與忽商量著報答渾沌的恩德，他們認為，人都有七竅，用來看外界，聽聲音、吃食物、呼吸空氣，唯獨渾沌沒有七竅，因而想為他鑿出七竅。儵和忽每天替渾沌開一竅，到了第七天，七竅鑿完，渾沌也就死了。

這個「以人滅天」故事的寓意是，人類想用強力變更或改造自然以符合自己的意願，結果只能導致自然本身的死亡。因此，在道家看來，要想與自然萬物和諧，就必須克服人性的異化，回歸人的本性。

到了漢代，《淮南子》繼續發揮道家《道德經》自然觀，並結合當時的天文學和宇宙論。《淮南子·精神訓》描述宇宙生成人的過程源於「陰陽二神」：

古未有天地之時，唯像無形，窈窈冥冥，芒芠漠閔，鴻蒙澒洞，莫知其門。有二神混生，經天營地；孔乎莫知其所終極，滔乎莫知其所止息；於是乃別為陰陽，離為八極；剛柔相成，萬物乃形；煩氣為蟲，精氣為人。

是故，精神，天之有也，而骨骸者，地之有也，精神入其門而骨骸反其根，我尚何存？是故聖人法天順情，不拘於俗，不誘於人；以天為父，以地為母；陰陽為綱，四時為紀；天靜以清，地定以寧；萬物失之者死，法之者生。

　　意思是說，上古還沒有形成天地的時候，只有模糊不清的狀態而無具體形狀，這種狀態是昏暗幽深、混沌不清的，無法知道它的門道。那時有陰陽二神同時產生，一起營造天地，造出的天地深遠的不知盡頭，寬廣的不知邊緣。這時便分出天地陰陽，散離成四方八極，陰陽二氣互相作用，萬物才從中產生形成。在這裡，雜亂的氣產生魚鳥禽獸和昆蟲，而純精的氣則產生人類。

　　因此，人的精神歸屬於上天，而形骸歸屬於大地。如果人去世以後，精神歸屬於上天、形骸歸屬於大地，那麼，「我」還有什麼存剩呢？所以聖人遵循天地的運行規則、順應人的本性，不為世俗所拘束、不被人欲所誘惑，以天為父，以地為母，以陰陽變化、四時運行為準則。天清澈而潔靜、地平定而安寧，萬物離開它就死亡，依附它就生存。

　　上述這段「陰陽二神」生成人的文字表明：人的精神屬天，形體屬地，精神與形體相結合，天地也是統一的。

　　《淮南子》的「天」是道家的自然之天。認為人是天地自然的產物，與其他自然產物一樣，所以人不應該奴役自然萬物，該是以順應的態度來面對自然和對待自身生命。

文化主體：天人合一的思想內涵

思想源流 天人之理

　　西漢時期的「順其自然」也叫做「清靜無為」，主張對自然與社會都要少些人為的干預和造作，這是漢初「黃老」道家思想總的精神。

　　事實上，「清靜無為」一直是道家的價值觀，在這種價值觀念中，自然的存在是人類存在的根據，自然的價值和人類價值擺在同等重要的地位。這種尊崇自然的觀念，是後世保護自然生態文化的哲學基礎。

　　道家基於「清靜無為」提出「道法自然」，是關於生態智慧最深刻、最完美的說明，它強調人的行為與社會自然結合一體。

　　人類行為的基本原則就是遵循自然規律。因此，《道德經》主張人應該協助自然發展，而不是自以為是、任意而為。

　　「人法地，地法天，天法道，道法自然。」這裡的「自然」既指宇宙萬物的存在，又指宇宙萬物的規律。此語深刻表現人與自然的關係。

　　「道法自然」的基本法則就是自然。什麼是自然？自然是一種狀態。《道德經》讚頌智識未開的赤子：

　　含德之厚，比於赤子。蜂蠆虺蛇不螫，猛獸不據，攫鳥不搏。骨弱筋柔而握固，未知牝牡而全作，精之至也。終日號而不嗄，和之至也。知和曰常，知常曰明。益生曰祥，心使氣曰強。物壯則老，謂之不道，不道早已。

　　意思是說，內含充足的德性，好比初生的嬰兒。有毒的蛇蟲不螫咬，猛獸不捕捉，凶鳥不搏爪。骨弱筋柔而手握閉固氣門，不知雌雄交合而始終挺勃，是精之至足。終日哭號

而喉不沙啞，是無慾氣和之至的原因。知靜和是自然的生態，知自然而不妄為明。益於處常而生為祥和，心明使氣神寧和虛靜為自強不息。萬物趨壯則自衰老，稱謂不合道，不合道就必然不能恆常而走向生命的盡頭。

「含德之厚」其實說的就是善於修養、保守道德的人。這段話主要以「含德之厚者」與「赤子」相似的形象和特徵來揭示「自然」的本質。

莊子對自然狀態進行理解時，以動物為喻：烏龜的腳有短有長，這是它們的自然之性，要人為改變這種自然狀態只能造成悲劇。莊子說的是，以某種文化規範改造人，就違反了人的自然本性，認為人性的自然才是人性的真實。這裡同時也講的是人與自然的關係。

尊重自然的價值，主張人與自然統一是「道法自然」的重要思想。道家對人與自然的存在關係、人與自然的價值關係進行深入思考，表現出深遠的智慧。

道家思想對待自然與社會的重要原則是「知常」。在這裡，「常」也就是「道」，是自然規律。遵循這種自然規律，就能處於陰陽調和的恬靜狀態，不受鬼神的擾亂，與四時季節的變化和諧共存，不會受萬物的傷害，也不因生物的侵害夭亡。如果違背自然之常而肆意妄為，就會導致凶災。

漢初的「黃老」道家發揮了這種思想，提出「順天者昌，逆天者亡」，這也成為後來中國文化的流行觀念，並且往往運用在政治。它最初的含義是人的行為應該順應自然規律，無論是政治行為或社會生產活動都該如此，否則會造成災禍。

文化主體：天人合一的思想內涵

違反自然規律肆意妄為是造成人類生態與環境問題的根本原因。

人與自然達到和諧、人與人擁有和諧，才會有美，才有快樂。在這裡，「知和」與「知常」兩個概念是緊密聯繫的。

《道德經》說「知和曰常，知常曰明」，意思是說，懂得和就是懂得常規，懂得常規就是明智。莊子將其進一步發揮，把「和」作為美的表現，也就是天地生物之道。陰陽和諧才能生物，這是天和，也是天地之大美。在莊子這裡，大美與大道是互相交融的，它是宇宙的本原，所以也叫做「常」。

與「知常」聯繫的另一個概念是「知止」，也就是人的行為應有限度，超過就會危險。在人對自然的利用或改造的過程中，這種認識有重要的意義。

「知止」表現在人利用自然時必須限制自己的慾望，應當有所為、有所不為。「知止」表現在人的行為上是「不妄作」，表現在人的心理上是「知足」。人類對自然的破壞總是源於人的慾望的「不知足」，如果不對自己的行為加以限制，則會破壞自然系統的穩定，也就不可能營造一個人與社會、人與自然得以共同發展的社會。因此，《道德經》提倡「聖人去甚、去奢、去泰」，即應該去掉奢侈浪費，排除極端和過分的行為。

面對自然規律，《道德經》認為人的正確行為是順乎自然而無為：「以輔萬物之自然而不敢為。」這種生態平衡思想，強調按規律辦事，順其自然。

「無為」是《道德經》哲學的核心之一，它的本義不是無所作為，而是順其自然以完成人的理想。無為同時是一種策略、一種方法，正是所謂的「無為而無所不為」。無為就是不強為，順應自然、因勢利導以達到目的。這種方法可以運用到社會政治中，也可以運用到自然方面。

莊子認為天道就是「無為」，可人道往往違反天道，這便是「有為」。人的「有為」與自然的「無為」是一種矛盾：人不能不利用和改造自然，但如果「不明於天」、「不達於道」，「有為」的結果就是可悲的。

要想解決「有為」和「無為」的矛盾，一是要認識自然的規律，二是人要認清自己的行為。自然的運行是天生的，不可強力更改，人的行為也應該有所規範，不能超越範圍；人的知識有所極限，每個人都必須之其限制。

就個人來說，知此概念才能「終其天年」；而對人類社會而言，擁有這些認知才不會做出蠢事。

道家「萬物一體」的自然觀與「道法自然」的生態觀皆表現出人類文化的深刻智慧，為現代人建構能夠持續發展的現代文明，提供豐富的文化資源。

閱讀連結

莊子名莊周，他有一次夢見自己變成一隻蝴蝶，飄飄蕩蕩，十分輕鬆愜意。他這時完全忘記了自己是莊周。過一會兒，他醒來了，對自己還是莊周感到十分驚奇疑惑。他認真地想了又想，不知道是莊周做夢變成蝴蝶呢，還是蝴蝶做夢變成了莊周。

　　「莊周夢蝶」的故事因其深刻的意蘊、浪漫的情懷和開闊的審美想像空間而受到後世文人們的喜愛，同時也成為後世詩人們藉以表達離愁別緒、人生慨嘆、思鄉戀國、恬淡閒適等多種人生感悟和體驗的一個重要意象。

█儒家的天人合一思想

■孔子問禮老子

　　儒家的創始人孔子，在中國歷史上是一個具有劃時代意義的人物。孔子是春秋時期魯國的思想家，他在三十歲時，有機會到洛陽去拜見老子請教禮樂。

　　老子姓李，名聃，年紀比孔子大得多，在洛陽當西周王朝「守藏室之史」，掌管國家文物典籍。他見孔子來向他虛心求教，很喜歡，也就拿出老前輩的熱心來，很認真地教導孔子。

　　孔子此行受益匪淺，他回到魯國後對自己的弟子說，自己見了老子，就像見到真龍一樣，佩服之情溢於言表。

就在孔子會見老子的那一年年底，鄭國掌握國家大權的執政者子產去世了。鄭國人紛紛流淚，好像親人去世似的。孔子一聽到子產噩耗，也哭起來。他說：「子產是我所想念的人啊！」

孔子很欽佩子產，跟他見過面，像尊敬老大哥那樣尊敬子產。子產在思想上受孔子的影響很深。

鄭國有一次遭到火災，別人請子產去求神，子產說：「天道遠，人道近；我們要講切近百姓利益的人道，不講渺渺茫茫的天道。」

鄭國有一年發生水災，別人又請他去祭掃龍王爺，子產說：「我們求不著龍，龍也求不著我們。誰跟誰也不相關。」

子產的這些思想，在當時已經很了不起了。子產在講天道、人道時的主要觀點，其實就來自於孔子。孔子和子產都是春秋時期著名的思想家。他們都以人本主義對待天道與人道的關係，兩人皆不迷信鬼神，提出人事才是可以掌控的。

孔子作為一個思想大家、儒家學派的創始人，他在繼承和吸收前人天人思想的同時，從人道上突破了原始天命觀的限制，以「天命」和「人道」作為聯繫天人之間的紐帶，將「仁」作為實現貫通天人關係的途徑，透過「修己」、「安人」的修養功夫體悟天人和諧之境。

孔子主張像先賢那樣遵循天道，透過潛志躬行「內聖外王之道」達到「天下為公」、「大同世界」之境界。這種理論和實踐，用孔子的話說就是「則天」。孔子在《論語‧泰伯》中說：

文化主體：天人合一的思想內涵
思想源流 天人之理

　　大哉！堯之為君也。巍巍乎！唯天為大，唯堯則之。蕩蕩乎！民無能名焉。巍巍乎其有成功也，煥乎其有文章。

　　意思是說，帝堯作為一代君王是多麼偉大！他像崇山一樣高高聳立著，上天是最高大的，帝堯就是在傚法著上天！他像大地一樣一望無際，民眾無法用現有的詞語來稱道他！因此，他所成就的功業是如此崇高偉大，他所制訂的禮儀制度是如此燦爛輝煌。

　　堯是中國傳說時代的聖君。孔子在這裡用極美好的語言稱讚堯，尤其對他的禮儀制度愈加讚美，表達了他對古代先王的崇敬心情。孔子的「則天」就是傚法堯那樣遵循天道，這其實是孔子的功夫論，包括道德修養和社會實踐。

　　孔子終其一生提倡和踐行「則天」之教，以善處人與自然、人與社會的關係。孔子正是透過對「則天」不懈地追求來加強個人修養、盡心治理國家，達到了絕大多數人無法達到的思想境界。

　　孔子的「則天」其實就是儒家一貫倡導的「天人合一」。「天人合一」雖是中國古代大多數哲學家所宣揚的基本觀點，但在中國傳統文化範圍內，大多數都是指儒家的「天人合一」。因為儒家的「天人合一」更複雜，對中國文化的影響也最深遠。

　　「天人合一」的形成過程是歷代儒家學者在探索「天」、「人」的關係中演變過來的。他們首先闡述關於「天」的一整套想法，其次是「人」的道理，最後形成了「天」、「人」關係的價值取向，也就是「天人合一」思想。

「天人合一」中的「天」，被儒家學者賦予了各種意義，有自然之天、命運之天、意志之天、倫理之天、神聖之天、救贖之天、創造之天等，舉凡宇宙萬物之起源、人類社會之形成、政治制度之合法性、倫理道德之標準、人類未來之命運等，無不可以從儒家有關「天」的論述中得到最權威的解釋。

因此，我們可以說，「天」在儒家傳統的思想體系裡構成了最高的概念，反映儒家有關「人」的地位、命運和價值取向的方方面面，它們相互關聯的「天人合一」，自然也就表達出儒家理論的豐富內涵。

「天」，作為儒家思想中最高的一個概念，在其發展的過程中，具體表現為自然之天、主宰之天和義理之天。

儒家的「天」表現於自然界時，即為自然之天、天人相分的天。荀子在很大程度上否定了天的意志，賦予更多的自然物質因素，並且認為人與自然有所區別，人類要掌握並利用自然規律來為自己服務。

儒家的「天」具體表現出一種不可知的神祕力量，它可以左右人的命運，並含有超強的意志與力量，即成為主宰者。這個觀點主要表現在儒家思想的初期，以孔子為代表。孔子曾經說：「君子畏三命：畏天命，畏大人，畏聖人之言。」其中的天雖然帶有一定的道德意味，但仍然是以一個令人生畏的主宰者形象出現的。

儒家的「天」在發展過程中慢慢形成客觀的「理」，這樣的概念在先秦孟子時就開始萌芽。孟子最先把天與人的心

性聯繫起來，正如他所說的「盡其心者知其性也，知其性則知天矣。」以為盡心便能知性，知性就知天了。孟子的天成為宋明儒家所言的「理」；程顥發展成「心即是天」，程頤則說「性即理也」，朱熹所謂「天即理也」，到後來明代王陽明所倡「心即理」。這些無疑都是從不同角度對孟子「盡心知性知天」做出詮釋。

以上這三種表現分屬於儒家哲學不同的時期，然而又不能將其全然分開，畢竟它們只是同一個概念的不同內涵而已。儒家諸子對天的理解雖然人各有殊，但有一點是共同的，即都認為人最高的理想是掌握宇宙間的最高智慧，無不追求達到完美的「天人合一」之境。

儒家所追求的「天人合一」境界，高度展現出人與自然關係的儒家思想。儒家認為，人與自然萬物均是天道、天性或理一貫而成的；宋代大儒朱熹的「理一分殊」就是對此精彩的描述。所有事物各有一理，而單說理卻只有一個。

基於此，儒家認為，人與自然的地位是平等的，無所謂貴賤；人與自然能互相感通，而透過感通自然，人可以理解並把握最高的規律。

儒家的普世情懷是其倫理思想的起點和動力。正因為儒家竭力追求「天人合一」，才能將表達宇宙萬物之「天」與表達生命與親情的「人」整合起來。如《周易》中說：

天行健，君子以自強不息；地勢坤，君子以厚德載物。

意思是說，天道的運動強勁，君子也應該積極進取，自強不息；大地的氣勢厚實和順，君子也應該增厚美德，承載萬物。整體來說就是君子要懂得順應天道，懂得承載包容。

對於給予他們生命起源與養育照顧的恩惠，儒家學者常會從經濟面簡單地強化其倫理價值的普遍性。這樣的特點被孟子精確地描述為一個「誠」字；孟子認為，「誠」是天之道，只有按天之道去想、去做，才是為人之道。

儒家傳統價值觀僅與個人相關，但最終追求的卻是天下蒼生，此二者之結合既有生命之情懷，亦有宇宙普遍之道理，其精髓俱見於宇宙生成論、倫理學和人生論。張載曾這樣描述過「天人合一」的倫理意義：

乾稱父，坤稱母；予茲藐焉，乃渾然中處。故天地之塞，吾其體；天地之帥，吾其性。民，吾同胞；物，吾與也。

這段話的意思是說，天是我的父親，地是我的母親；我是個小小的生靈，在他們中間親密相處。因此，充滿宇宙之間的，是我的身體；指引宇宙運行的，是我的本性。人民，是我的兄弟姐妹；萬物，是我的同伴。

張載在這裡明確表示人與萬物都是天地化生的，而且天規定了人的本性、人類社會理想的倫理制度、人對自然萬物所應當遵行的倫理原則及人對自己生命的態度。張載認為，如果不如此，人的生命倫理就不能表現出天命精神，個人也不能與宇宙萬物融為一體，人倫價值便沒有普遍意義。

總之，儒家的「天人合一」思想認為，天地萬物秉承「天命」而生生不息，這其中又蘊涵著「人」，所以「人」活著

也是在履行「天」命，「人」的倫理價值也是展示「天」的普世價值。人只要生活在天地宇宙間，只要有人的生命情懷，他就一定還有天地良心，他就一定有存在的價值。

閱讀連結

儒家注重天道，正所謂「天行健，君子以自強不息。」儒家「天道酬勤」的思想精神鼓舞一代又一代仁人志士，晚清「中興四大名臣」之一的曾國藩就是其中之一。曾國藩一生以儒家思想進行自我修為，終成在歷史上有一定影響的大儒。

曾國藩小時候的天賦並不高。有一天在家讀書，對一篇文章不知道重複朗讀了多少遍，還沒有背下來。這時來了一個賊，潛伏在他家的屋簷下，希望等讀書人睡覺後撈點好處。可是左等右等，就是不見他睡覺，一直翻來覆去地讀那篇文章。賊人大怒，跳出來說：「這種水準讀什麼書？」然後將那文章從頭到尾背誦一遍，揚長而去。

曾國藩是一個平凡的人，卻依靠自己的勤奮成為歷史上的偉人。這是儒家「天道酬勤」精神激勵的結果。

佛家的天人合一思想

■釋迦牟尼佛壁畫

佛典《譬喻經》上記載了這樣一個故事：從前，在離一個城市不遠的森林裡，有一位禪師證得了「六神通」，他的弟子是一個八歲的小沙彌。

禪師因為有宿命通，發現小沙彌的壽命只剩七天了，他想：如果小沙彌在這裡死了，他的父母一定認為是我照顧不周，我恐怕也會有麻煩了。因此，禪師就告訴小沙彌：「你的父母很想念你，你可以回去探望你的父母，過了八天以後再回來。」小沙彌很高興地辭別了禪師，踏上了回家的路。

小沙彌走到半路，天就開始下大雨。他看到雨水快要流進一個螞蟻窩了，就急忙用土把雨水擋住，使雨水沒有淹到螞蟻窩裡去。

小沙彌回家後，家裡一切都很好，沒有發生任何事。到了第八天，他又回到禪師那裡。

文化主體：天人合一的思想內涵

　　禪師看到小沙彌平安回來，心裡感到很奇怪。他入定觀察，才知道小沙彌因為救了螞蟻而延長了壽命。禪師對小沙彌說：「你做了大功德，你自己不知道嗎？」

　　小沙彌說：「我七天都在家裡，哪裡做了什麼功德？」

　　禪師又說：「你的壽命本來只能活到昨天，因為你救了那麼多螞蟻，所以壽命可以延長到八十多歲。」

　　小沙彌聽了師父的這番話，更加相信「善有善報」的道理了，心中很是歡喜。於是他就努力用功修行，後來也證得了「六神通」。

　　佛教大約在漢代傳入中國後，中國傳統儒學的基本思維模式「天人合一」很大程度地影響了佛教，使其得以更加豐富。那些經過佛教長久涵濡的人們，如上述故事中的禪師等人，他們的思想有一個基本特徵，就是講究「報應」之說。「善有善報，惡有惡報。不是不報，時候未到。時候一到，一切都報。」這是佛家在教世人向善，充分表現出佛家大慈大悲的菩薩情懷。

　　為什麼會有「報應」呢？因為「天道」在發揮作用。佛家認為，人德不載天道，違背規律，道與德就不合，規律就要懲罰人。佛家這種「人道合天道」，恰恰符合「天人合一」的精神。

　　在佛教中，宇宙世間的最高實體是「天」，也就是「佛」。佛具有最高智慧，是世間萬物生存與活動的根據。人們皈依佛教的目的是想成佛，成佛才能與佛合為一體，從而超越生死輪迴，擺脫人生苦惱，獲得解脫。

佛教經典《金剛經》裡講到「般若波羅密」，中文意思是大智慧到彼岸，般若就是智慧，彼岸就是夢想和目標。這裡的天是夢想，人是行動，天是智慧，人是追求、發現智慧的思考者。借助一種智慧實現夢想，這就是一種「天人合一」。

《金剛經》中說：世間有為法，如夢幻泡影，如露亦如電，應作如是觀。

意思是說，一切由條件構成的現象都是虛幻的，好像夢幻泡影，好像露水閃電，應該這樣看待這個世界。這段話的主旨是不著於世，不離於心，最後才能達到成佛的境界。

成佛是佛教的最高境界，稱之為「涅槃」。涅槃也即佛教「天人合一」的境界。

涅槃境界的實際情況如何，各派有自己不同的解釋。小乘佛教把涅槃分為有餘涅槃和無餘涅槃，大乘佛教則分涅槃為實相涅槃和無住涅槃，然而它們實質上指的都是一種與苦難的現實人生相反的理想的境界。在這樣的理想境界中，沒有任何煩惱、痛苦存在，充滿了歡樂、幸福。

大乘佛教又提出「淨土」的概念。淨土即為佛所居住之所，又稱為「西方極樂世界」。據佛典《無量壽經》的描述：

彼極樂世界，無量功德，具足莊嚴。永無眾苦、諸難、惡趣、魔惱之名；亦無四時寒暑、雨寅之異，復無大小江海、丘陵、坑坎、荊棘、沙礫、鐵圍、須彌、土石等山。唯以自然四寶，黃金為地，寬廣平正，不可限極。微妙、奇麗、清淨、莊嚴、超逾十方一切世界。

意思是說，那個極樂世界，由無量功德所成就，國土莊嚴清淨，具足一切勝妙。眾苦諸難惡趣魔惱等連名字都聽不到，更不用說有實際的苦難惡趣了；國中沒有春夏秋冬、寒冷暑熱、陰雨的現象，也沒有海洋、河流、山陵、坑坎不平、荊棘、沙漠、鐵圍山、須彌山、土石所成的種種山。只是一片平坦整齊，廣大無邊，以自然四寶和黃金所成的大地。國土是微妙中的微妙，奇麗中的奇麗，其清淨與莊嚴，超過了十方一切世界。

由此可見，佛教所嚮往和追求的「天人合一」的淨土世界，即涅槃之境，一切皆是美好如意。

佛教的「天人合一」，為人們展現了一個超越現實痛苦、美好如畫的涅槃世界。那麼，如何才能進入這樣的境界呢？

佛教認為，首先要有對佛教的虔誠信仰。佛家常說「心誠則靈」。將「誠」解作虔誠，將「靈」解作顯靈，是它原本的意思。也可以把「誠」作廣義理解為真誠、忠誠、坦誠、誠心誠意、以誠相待等，把「靈」看作是一個值得期待、值得嚮往的美好結果來理解。

其次，光心誠不行，還要做到篤誠踐行。篤誠踐行的根本功夫在於「戒、定、慧」三學。

佛家認為人生是苦的。人生的痛苦是由於宇宙萬物的虛妄不實、不確定所造成的。因此，佛家認為修行者在踐行活動中首要的是「戒」，即遵守佛法，守持戒律，透過繁多的戒律來約束自身的行為，逐漸斷除惡念、貪慾，「防非止非，從是作善」，達到對佛的體悟。

定，是指息緣靜慮，在身、口、意三業清靜的基礎上修習禪定。定當以戒為先，戒自生定，達到諸欲了斷，心趨平靜，神志清明之境。由定而生「空」，由此領略「諸法因緣和合而生滅」的宇宙真理，從而一悟成佛，來到「天人合一」的涅槃之境。

慧，與每一種心皆有連結的作用。此外，慧與智為相對之通名，達於有為的智者稱為「智」，達於無為的空者則稱「慧」。

此外，《菩薩瓔珞本業經》卷上、《阿毗達磨俱舍論》第二十六卷等佛教經典以及「天台宗」等佛教流派，也有各種不同的慧之說。

佛家的「天人合一」理論建立在緣起論的基礎上。緣起論是整個佛教思想的基礎。佛家認為世界萬事萬物都是因緣和合而生，緣聚則生，緣散則滅；藉著這道法則可以發現世間諸法，包括各種生命現象都是虛幻不實，不能久留的。

由緣起論，佛家提出以整體論與無我論為主要特徵的「人與自然」關係理論。

從佛教整體論方面看，原始佛教認為：「此有故彼有，此生故彼生……此無故彼無，此滅故彼滅。」這裡的「此」與「彼」構成不可分割的整體。任何事物都不是孤立的存在，他們互相聯繫、不可切割。正是在整體論的基礎上，佛教發展出大慈大悲、天下一體的菩薩情懷。

再從佛教無我論方面看、從緣起論出發，佛教認為世界上一切事物沒有不變的本質，只有相對的存在，稱為「空」。

空，包括我空、法空，即要破人我執、法我執。這樣的話，人們在看待自然時便不會以人類為中心了，而是立足於宇宙整體。

在整體論與無我論的基礎上，佛教看待人與自然的關係時必然產生「無情有性，真愛自然」的觀點。佛教將所有的法都看成是佛性的顯現。萬法皆有佛性。天台宗大師湛然將此明確定義為「無情有信」，即沒有情感意識的山川、草木、瓦石都具有佛性。禪宗更是強調「鬱鬱黃花無非般若，青青翠竹皆是法身」。大自然的一草一木都是佛性的代表，皆有其存在的價值。

閱讀連結

中國史籍中記載很多佛教叢林中度化世人的故事。明代有一個雲谷禪師，出家的法名「法會」，又號「雲谷」，祖籍浙江嘉善胥山鎮，俗姓懷。幼年便看破紅塵，立志出家，投在本鄉大雲寺一個老和尚座下，剃度為僧。後經法舟禪師點化，徹悟佛經與佛法真義，然後便隱遁到佛教大叢林裡，做一些煮飯挑水出勞力的僕役工作，來磨煉自己。

明代思想家袁了凡曾參訪雲谷禪師，他們相對靜坐三天三夜，雲谷禪師把「一切唯心造」的生命奧義交給袁了凡。相會雲谷是袁了凡人生的重大轉折點，對他「心性」修養影響最深最大，徹底改變其宇宙觀。袁了凡的《了凡四訓》融會禪學與理學，勸人積善改過，強調從治心入手的自我修養，提倡記功過格，在社會上流行一時。

古建文明 和諧宜居

　　建築是文化和思想的外在表現。綜觀中國古代建築，在幾千年的歷史衍變過程中，無論是宏偉的宮殿、幽靜的園林還是豐富多彩的民宅，都以其獨特的形式語言打上中國傳統文化的烙印，表現出豐富而深刻的「天人合一」傳統思想觀念。

　　中國古建築始終是「天人合一」與「禮法、宗法制度」的綜合表現，無論城市、村莊、民居、園林、王陵的選址和布局命名上，處處都在力圖展演「天人合一」的追求。這些古代建築是古人的倫理觀、審美觀、價值觀和自然觀的集大成。

▌古代天人合一的建築觀

■原始人洞穴生活

　　在中國的傳說時代，人們沒有適合長住的房子，便只能居住在洞穴之中，與狼蟲虎豹為鄰，不時遭受野獸的襲擊，生命安全面臨極大威脅。在這種情況下，華夏族首領黃帝改變人們原先的洞穴居住形式，砍來樹木、運來土石，在近水的高地建造住所。住所是人們休息的地方，也是防禦野獸侵襲、保護火種和進行炊事的場所。

　　當時建造的住所有圓形也有方形，有單間也有套房。營建住所時已經會立架樑，牆壁是木骨泥牆，室內一明兩暗。

　　黃帝是中華民族的「文明始祖」、「人文始祖」，他對人類居住條件進行改善，選擇近水高地造屋而居，不僅是對人的極大尊重，也萌發具有人居環境與自然環境相互和諧意義的「天人合一」意識。

中國古人講究「天人合一」，就是人居環境與自然環境可以互相交流，和諧共生。事實上，這種思想長久以來影響中國古代建築的設計和布局。

中國的古建築與歐洲建築、伊斯蘭建築並稱為「世界三大建築體系」，其中中國的古建築是世界上歷史最悠久、體系最完整的建築體系。從單體建築到院落組合、城市規劃、園林佈置等，中國建築獨一無二地展現「天人合一」建築觀，充分展演人與自然的和諧與統一。

從歷史上看，「天人合一」是影響中國古建築發展的最核心原因，舉例來說，中國傳統建築非常重視對室外空間的處理。

中國古代建築講究與周圍的環境、格調、意境和諧融洽，不突出自己，避免造成與自然的斷裂和對立。檐廊、門窗、亭台樓閣與敞開的院子交互組合，形成虛實相映的空間意象；虛中見實，實中有虛，從而表現出鮮明的空間意識。

這種在空間意識支配下形成的古代建築風格，不僅沒將建築隔絕於自然，反而將兩者融為一體，賦予建築鮮活的生命和濃郁的文化氣息，這是其突出的人文特色之一。很多西方人也就因此稱中國古代建築為獨特的「環境藝術」。

中國古代建築的空間意識與古人的宇宙觀念密切相關。「宇宙」的本義是指建築；宇，指的是屋簷，如《易經》中說「上棟下宇，以待風雨」；宙，指的則是梁棟。因此，在古人的觀念中，所有的「建築」都是人工創造的「宇宙」。

文化主體：天人合一的思想內涵
古建文明 和諧宜居

　　從自然宇宙的角度看，天空有二十八星宿，分屬東南西北四方，每方七宿，分別以青龍、白虎、朱雀、玄武「四神」相守，中間是紫微帝宮，即宇宙最高神北極星的居所。這幅圖案乃至宇宙觀對古人的建築規劃產生了重大的影響。

　　天地是一棟其大無比的大房子，此即《淮南子》中所言「上下四方日宇，往古來今為宙。」千秋萬代，人們就在這幢大屋的庇護下生活，無論肉體還是精神都受其保護。

　　中國建築起碼自秦漢時起，就具有傚法自然宇宙的文化胸襟，因此一旦經濟條件、建築材料以及技術水平允許，人們就將對自然宇宙的領悟傾注於宮室的營建之中，建造盡可能恢弘博大的建築，以象徵自然宇宙之大。比如大唐帝都長安城的面積就超過八十平方公里，是中國古代第一帝都，也是包括中國古代都城在內的古代世界帝都之冠。

　　由此可見，中國建築文化鮮明地呈現出「宇宙即是建築，建築即是宇宙」的時空理念。

　　「天人合一」觀具有天然的美學品格，自然也影響到中國古代建築風格；它啟示人們，至善、至美的境界，就是人與自然和諧統一的境界。

　　古代建築之美也源於自然的啟示。華夏大地山河壯麗、景象萬千，美好景色啟發人們熱愛自然、謳歌自然的無限激情。「天人合一」的思想與對自然美的鑒賞相互融合，產生文化底蘊厚重的建築美學。

　　中國古代建築師代表古人的審美觀念，他們喜歡富麗華貴、雍容大度的美，比如阿房宮、紫禁城、長城、頤和園、

布達拉宮、民居、園林等傑作。這些作品無一不創造出「天人合一」的理想之美，閃爍中國古代建築的光輝。

這些古代建築，不但在造型、空間布局、總體規劃方面獨具特色，也在各方面展現出「天人合一」的哲學觀，表現深厚的文化底蘊，同時展現出對稱美，

對稱也是美學法則之一，能給人一種平衡感和穩定感，反映人們在審美的普遍要求。

對稱美源於自然亦道法自然。中國古建築「道法自然」的對稱之美，在宮殿、廟宇、寶塔、橋樑、亭台樓閣等處處可見。

統一之中有變化，變化之中有統一，是美學的最高法則，中國建築師在群體美方面也有充分考慮。他們能夠從形式感、造型、格調、色彩關係、高度變化、線條變化等方面，創造出統一的美。中國故宮就是其中代表。

故宮是一首凝固的交響樂，華表與金水橋是序曲，主旋律由天安門、午門逐漸展開，太和殿可視作交響樂的最強音，達到樂曲的高潮。走到御花園，樂曲就進入尾聲，到了地安門，則可以看做是全曲圓滿地結束。

故宮還是一幅畫，從任何角度看都具有繪畫之美。整個圍牆就是畫框，畫面富於節奏美、韻律美，錯落有致的建築群無論哪個角度都是一幅至美的建築畫。

中國古代建築特別重視建築個體之間、局部與全局之間、建築與環境之間所造成的美；每個個體只是作為全群的一部分而存在。例如祈年殿只有在松柏濃郁的環境中才有生命，

文化主體：天人合一的思想內涵
古建文明 和諧宜居

太和殿只有在紫禁城的森嚴氛圍中才能造成一種神聖的氣勢。

再如藏於深山中的古寺，深山因與古寺融為一體而變得更加神祕，古寺因深山的渲染襯托變得更加清淨，給人以超塵拔俗的審美感受。

中國古代建築不僅重視近區的環境美，同樣注重與更加廣闊的自然之間的親和關係，造成「天人合一」的理想境界。古代風水先生要「觀勢」、「觀相」，實際上就是建築選址要充分考慮環境因素，應該說，這是頗具美學價值的調查。

在自然環境中進行建築，就要借助於引景、建景、借景，甚至運用對景等手法，把自然景色烘托得更美。例如古代廟宇的選址，一般選在三面環山、一面空曠朝陽的環境中，既能避風，又能沐浴陽光。

北京的碧雲寺、山東的靈岩寺、南京的棲霞寺、敦煌的莫高窟等，都是借助自然景色創造的傑作。尤其值得稱道的是恆山懸空寺，背倚翠屏，上載危岩不在巔，下臨深谷不在麓，倚山做基，就岩造屋，虹橋飛跨，殿宇懸空，構成驚險奇特之美。

以上數例皆為依山之勢者，也有不少建築傍水之姿者，或二者兼而有之，如長江的黃鶴樓，錢塘江的六和塔，洞庭湖的岳陽樓，昆明湖畔的頤和園等。如果不是依山傍水，這些華麗的建築也就不能相映成趣、借景生色了。

中國古代建築注重與自然高度協同的觀念，還表現在城市、村鎮、宮殿、陵墓、宗教建築、民居等的選址、布局乃

至命名上。這些古代建築，也都力圖展現「天人合一」的追求。

　　總之，中國古代建築將「天人合一」思想運用得十分熟稔，善於把握空間布局，竭力營造建築之美，從而創造出「天人合一」的理想境界。

閱讀連結

　　風水先生是指專為人看宅基地的人，他們曾在中國古代建築的選址過程中發揮過重要作用。相傳風水先生祖師為九天玄女，而根據傳說，九天玄女俗名鐘靜，曾經幫助黃帝戰勝蚩尤，解救百姓困苦而傳授玄學術數，其中就包括風水術。

　　這一天，九天玄女雲游燕山，在冰壁上發現天書《九天祕笈》，稍加研習即得其要義，後來在冰洞中發現上可探天下可測地的「天幻鏡」，還有《易經》與能測地脈之優劣的「地玄盤」。此三件寶物及冰壁天書助九天玄女修成大道，那得道之地，又是風水兩洞，故玄女娘娘又稱風水聖姑，學此道者便將九天玄女尊為風水始祖。

　　後來，大道傳入人間，所有執羅盤、看地脈習學風水之道者，均被人稱為風水先生。

▋古城的法天象地思想

■伍子胥（前五五九年～前四八四年），名員，字子胥。春秋末期吳國大夫、軍事家。伍子胥是吳王闔閭重臣，是姑蘇城即今蘇州城的營造者，至今蘇州有胥門。吳國倚重伍子胥等人之謀，西破強楚、北敗徐、魯、齊，成為諸侯一霸。後來，繼承王位的吳王夫差聽信讒言，派人送一把寶劍給伍子胥，令其自殺。

春秋時期的吳國，吳王闔閭為了與楚國爭霸，廣招人才、任用賢能。當時楚國有個叫伍子胥的人，因為他的父兄被楚平王殺害，他一心要為父兄報仇，便投奔吳國。闔閭看到伍子胥是個能文善武、有勇有謀的人，便以禮相待，加以重用，和他一起共謀國政。

西元前五一四年的一天，闔閭召見伍子胥，向他請教富國強兵之策。伍子胥想了一下，說道：「蒙大王器重，恕我直言。吳國地處東面，三面受敵，又有江海之患，一旦強敵入侵，於吳國十分不利。」

闔閭焦急地問：「那怎麼做才好呢？」

伍子胥說：「現在的吳國都城城池過小，我步量過，周圍僅三百零三步。強敵一旦入侵，豈能抵禦？只有興建一座大城，駐兵屯糧，方能永保千秋大業！」

闔閭聽了，連連點頭，便命伍子胥監造大城，即後來的蘇州城。

那時候，要造一座大城很不容易。伍子胥請來了不少識天文地理的人，看好地形、選定城址，巧妙利用山水形制，用了三年時間才圈了四十多里地，又召募了成千上萬民工並選定吉日。就在伍子胥一切準備停當，剛剛破土動工時，老天突然颳起狂風下起暴雨，一連幾天都是天昏地暗、水流如注，滿地都是積水。

原來，伍子胥建城選址時，挑選的是一塊龍穴寶地，剛破土動工就驚動了海龍王。海龍王派出一條能興水為害、作惡造孽的孽龍，要叫這座城造不起來。

這天，伍子胥正在發愁，忽見造城的監官，渾身濕透像個落湯雞，跑來報告：「稟報大人，大事不好，城裡有八個地方被水衝破，古井也日夜不停地冒水，民工和百姓都忙著逃命啦！」

伍子胥跑出來一看，只見天空烏雲翻滾，一條孽龍在雲中忽隱忽現，巨大的口中不停地噴出水來。伍子胥雙目怒張，鬚髮豎起，抽出身上的寶劍，震天動地大喝一聲：「我從來不信邪！」然後就和孽龍展開了惡鬥。

伍子胥憑著一身好本領，終於用寶劍刺中了孽龍的眼睛。孽龍翻滾了幾下，從天上掉到地上，昏死過去。伍子胥怕它

醒來還要作孽，就隨手把它斬成幾段，從此，這條孽龍就臥在城中再也爬不起來了。

伍子胥斬了孽龍後，命民工造了八個陸城門，象徵天上的「八風」，又造了八個水城門，象徵地上的「八卦」。城外有護城河，內有護城壕；城牆是用泥做的，堅固無比。他接著又叫人在西城門外挖了一條直通太湖的大河，開鑿運糧的「百尺瀆」，由新都城通往古錢塘江北岸。

這塊龍穴寶地因而鎮住，蘇州從此再也沒有水患了。

據說吳國的新都城周圍有四十七里加上兩百一十步又兩尺，城外廓有六十八里加上六十步。在當時的長江流域、吳國新都城的規模是數一數二的。

闔閭見新都如此巨大、堅固，心中十分高興，就給它取名為「闔閭大城」。吳國逐漸強大起來。

伍子胥在建城時瞭解土質和水情，觀天象和看風水，古籍中將其稱之為「相土嘗水，法天象地」。說明當時的人已經意識到建造城市的環境影響因素，這就是後世所說的「天人合一」思想。

其實，在中國建築史上，這種「相土嘗水，法天象地」的活動由來已久。夏商周三代以來流傳有序的禮制建築是辟雍、明堂，而它們的得名其實就與「相土嘗水，法天象地」的建築思想有關。

辟雍，亦作「璧雍」等，本為西周天子為教育貴族子弟設立的大學，取四周有水、形如璧環為名。當時這樣的大學

有五所，南為成均、北為上庠、東為東序、西為瞽宗、中為辟雍。其中以辟雍為最尊，故統稱之。

關於西周大學的稱謂，《周禮‧春官》謂之為「成均」，《禮記》中又有辟雍、上庠、東序亦名東膠、瞽宗四個說法，它們與成均合計為五所大學。

辟雍選址與「相土嘗水，法天象地」的建築思想密切相關。其校址選在一個島上，四周環海，大門外建有便橋可直通校內，形成一個雅靜而莊重的學習場所。人們把這環水稱之為「雍」，意為圓滿無缺；也有一說表示這圓形水溝裡的水是引雍水而注之，故而稱為雍。環水的雍與如「璧圜」的圓島合稱為辟雍。

毋庸置疑，辟雍展現「天人合一」的美學景觀。

明堂，是古代帝王所建的最隆重的建築物，用作朝會諸侯、發佈政令、秋季大享祭天，並配祀祖宗。西周明堂制度以明堂為核心，形成政教合一的政治體制，和宗教、宗法、政治、倫理、教育一體化的意識形態。

東漢史學家、文學家班固在《白虎通》中說：「（明堂）上圓法天，下方法地，八窗像八風，四闥法四時，九室法九州，十二坐法十二月，三十六戶法三十六雨，七十二牖法七十二風。」這段話描述了明堂的形制及其寓意，表現了周人順應自然、利用自然的意願。

周天子在明堂有祭祀上天的活動；祭拜是人與「上天」精神的溝通，而明堂作為最隆重的建築物，與自然和諧共存。兩者同時展現「天人合一」的內涵。

文化主體：天人合一的思想內涵
古建文明 和諧宜居

　　事實上，明堂所蘊含的「天人合一」思想是《易經》中的重要概念，也在中國傳統文化中佔有一席之地。在一定範圍內，它已經被視為《易經》乃至整個中華傳統文化的核心理念；不僅是人與自然關係的學說，也是關於人生理想、人生價值的學說。

　　自從夏商周三代開始，「相土嘗水，法天象地」就與禮樂教化融合，成為中國古代建築活動長期遵循的最重要法則，城市建築尤其如此。春秋時期的伍子胥建造吳國大城時，就曾事先做了大量這方面的準備工作。

　　先秦時期的楚國是中國歷史上一個舉足輕重的國家。楚國哲學的中心問題是天人關係，楚人的哲學世界觀是個體本位的「天人合一」。這種世界觀在建築上表現的「干欄文化」，是中國古代南方建築文化的主體。

　　「干欄文化」是以木結構為主的建築體系，向來注重與自然的高度協調，尊重自然。楚建築始終是「天人合一」與「禮法、宗法制度」的共同表現。

　　楚國建築成就集中反映在楚都郢城的城市建設上。郢城選址合理，其遺址位於荊州古城東北三公里處，城順丘陵地勢而建，北有紀山，西有八嶺山，東北與雨台山相鄰，東臨諸湖，氣候宜人，既無水患可慮，又可引水入城。

　　郢城的布局思想已趨成熟。城東至城西長四千四百五十公尺，城南至城北寬三千五百八十八公尺，城牆的周長約一萬五千五百公尺，共有七座城門，城內有四條古河道。宮城已獨立分區，並有較完善的防禦設施，外有護城河，內有城

垣和瞭望台。嚴謹規整，氣勢雄偉。反映楚國建築所遵循的「相土嘗水，法天象地」的建築設計法則。

郢城宮殿建築的台榭特點已經形成，台峻高，榭空靈，著名的章華台即築建於此時。郢都的建築材料以土、木、石為主，並開始使用銅製構件。

在建築風格上，郢城建築的屋頂、木構件、飛簷等人性化設計，機智而巧妙的組合顯示的結構美和裝飾美展現出楚人「天人合一」的思想。屋頂通常很大，有出現屋坡的折線「反字」及後來的「舉折」的做法，「人」字型的設計擴大室內的空間感，同時有利於排水；即便屋頂整體的曲度不大，屋角也沒有翹起，但其剛健質樸的氣勢濃厚也反映同樣的哲學意識。

整體來說，「天人合一」建築觀是楚國古代建築的中心思想，是楚人的倫理觀、審美觀、價值觀和自然觀的深刻表現。楚國獨有的干欄式建築風格，具有「人性化」設計和「法天象地」的思想。

秦漢時期的城市建築，是中國早期建築中「相土嘗水，法天象地」的傑出代表。對天象的模仿，構成秦漢宮苑空前龐大的格局。

漢代人相信，天上以中宮北極星為中樞，有一個秩序嚴整的「王國」，即《史記‧天官書》所說的「斗為帝車，運於中央」，於是，人間以東嶽泰山對東之蒼天，以西嶽華山對西之昊天，以中嶽嵩山對中之均天；同時，山川形勢也與

文化主體：天人合一的思想內涵
古建文明 和諧宜居

之對應。因此，漢長安城按照「體象乎天地」的原則，設計為南斗星座與北斗星座的聚合，故而稱為「斗城」。

隋代建造大興城時，隋文帝令宇文愷監督建造。宇文愷是當時的城市規劃和建築工程專家，他在監造大興城時，也是「相土嘗水，法天象地」當時的大興城建設，關係到隋王朝的鞏固與發展，也影響著都城多方面的發展，因此在建築布局上總要有一些原則與方法。從大興城的平面布局來看，所謂「建邦設都，必稽玄象」的「法天」思想在這裡得到了更大的發揮與闡揚。

宇文愷設計的大興城布局，宮城、皇城、外郭平行排列，以宮城象徵北極星，以為天中；以皇城百官衙署象徵環繞北辰的紫微垣；外郭城象徵向北環拱的群星。這種規劃布局，增加了皇帝君權神授思想的神祕色彩。

在設計大興城的街數、坊數時，宇文愷也都有所依憑。大興城中東西、南北交錯的二十五條大街，將全城分為兩市一百〇八坊。其中以朱雀大街為界將城區分為東西兩部分：東部本應有五十五坊，因城東南角曲江風景區占去兩坊之地，故實領五十三坊；西部有一市五十五坊。

一百〇八坊的排列恰好對應寓意一百〇八位神靈的一百〇八顆星曜；南北排列十三坊，象徵著一年有閏；皇城以南東西各四坊，象徵著一年四季；皇城以南，南北九坊，象徵著《周禮》一書中的「五城九達」。宇文愷的這些具有象徵意義的設計，其實是古代都城設計遵循的普遍規律。

另外，隨著當時興城布局思想的發展，宇文愷也將這樣的思想引入大興城的規劃設計當中。大興城址選在漢長安故城之南，地勢敞闊平遠，有東西走向的六條土崗橫貫，如果從空中俯視西安大地，就能看出這種地面形狀很像《易經》上「乾卦」的六爻。乾卦屬陽，稱九，自上而下，橫貫西安地面的這六條土崗從北向南，依次稱為九一、九二、九三、九四、九五、九六。

從土崗的高度看，地勢從南到北漸次降低，宮城所處的位置則相對較低。當時沒有把宮城設置在最高處是有其原由的。

宇文愷根據天上星宿的位置，最為尊貴的紫微宮居於北天中央，它以北極星為中樞，東、西兩藩共有十五顆星環抱著它。紫微宮即有皇宮的意思，皇帝貴為天子，地上的君主和天上的星宿應該相對應。因此，宇文愷認為只能把皇宮佈置在北邊中央位置，而且北邊有渭河相倚，從防衛的角度看，也比較安全。

宇文愷不僅斟酌地勢，巧布大局，又將宮城南面之門命名為「朱雀門」，將宮城內太極宮的北門命名為「玄武門」，此皆來源於傳統家居坐向中的「左青龍、右白虎，前朱雀、後玄武」之說。在太極宮中太極殿以北建有兩儀殿，「兩儀」之稱謂，乃是出自《周易》「易有太極，是生兩儀，兩儀生四象，四象生八卦。」之語，其「萬物化生」的寓意顯而易見。大興城在唐代時改名為長安城，也是唐代的都城。

文化主體：天人合一的思想內涵

古建文明 和諧宜居

「法天象地」思想在明清時期北京城的建設中也有鮮明的表現。明清時期北京城就是按照天上的星相來建造的，紫禁城正對著紫微星，把古代建築「天人合一」的思想表現得淋漓盡致。

明清時期北京城設有九個門。東方代表春，是少陽，所以日壇和朝陽門在城東；西方代表秋，是少陰，所以月壇和阜成門在城西；春耕、夏耘、秋收、冬藏，所以城西門名阜成，指秋季豐收；左文右武，所以左有崇文門，右有宣武門。

天上紫微垣是上帝的居處，地上建紫禁城與之對應，是人主的居處。地支中，子在北，午在南，所以故宮南門叫午門；天為陽，南方為陽，所以故宮南有天安門、正陽門，天壇在城南；地為陰，北方為陰，所以故宮北有地安門，地壇在城北。

東方神為青龍，西方神為白虎，南方神為朱雀，北方神為玄武，所以故宮北門名玄武門。後來為迴避清代康熙皇帝玄燁的名諱，改名神武門。

天上有太微、紫微、天帝三垣，因此故宮前朝有太和殿、中和殿、保和殿。紫微垣十五星，左右是東西六宮，加上後宮後寢的三宮總計十五宮。皇帝是天子，承擔著輔佐天地、領導人民的使命，因此，後三宮命名為乾清宮、交泰宮、坤寧宮。

北京的天壇、地壇、日壇、月壇也是根據「法天象地」的原則設計的。其中的天壇成為代表中國「天人合一」宇宙觀最偉大的建築。

北京天壇是世界上最大的古代祭天建築群。在中國，祭天儀式起源於周代，自漢代以來，歷朝歷代的帝王都對此極為重視。明永樂以後，每年冬至、正月上辛日和孟夏，帝王們都要來天壇舉行祭天和祈谷的儀式。如果遇上少雨的年份，還會在圜丘壇進行祈雨。在祭祀前，通常需要齋戒。祭祀時，除了獻上供品，皇帝還要率領文武百官朝拜禱告，以祈求上蒼的垂憐施恩。

　　天壇建築的主要設計思想就是要突出天空的遼闊高遠，以表現「天」的至高無上。在布局方面，內壇位於外壇的南北中軸線以東，而圜丘壇和祈年壇又位於內壇中軸線的東面，這些都是為了增加西側的空曠程度，使人們從西邊的正門進入天壇後能獲得開闊的視野，感受到上天的偉大和自身的渺小。就個別建築來說，祈年殿使用圓形攢尖頂，它外部的台基和屋簷層層收縮上舉，也隱隱有種與天接近的感覺。

　　天壇還處處展示中國傳統文化所特有的寓意、象徵的表現手法。北圓南方的壇牆和圓形建築搭配方形外牆的設計，都隱含傳統的「天圓地方」的宇宙觀。主要建築上廣泛地使用藍色琉璃瓦，以及圜丘壇重視「陽數」、祈年殿按天象列柱等設計，也是這種手法的具體表現。

　　總之，「天人合一」思想貫穿於中國古代城市建築中，促使自然環境與城市文化形態的一致，顯示出古人超凡的智慧。

閱讀連結

　　吳王闔閭去世後，他的兒子夫差繼位。夫差任用奸臣，朝綱不振，伍子胥幾次進諫，他都不聽，甚至逼他自盡。伍子胥氣得渾身顫抖，悲憤地說：「我死後，把我的頭顱掛在城門口，我要親眼看看越軍是怎樣打進城來的，否則，我死也不瞑目！」據說，伍子胥自刎後，他的頭顱就懸掛在西面的城門上。越王勾踐率大軍兵臨城下時，伍子胥的頭顱突然脹得像車輪大，兩眼發出刺人的光芒，鬚髮怒張，威風凜凜，嚇得越軍不敢前進。

　　後人為了紀念伍子胥，便把懸掛過他人頭的城門叫胥門，胥門外通向太湖的一條大河叫胥江，入湖口叫胥口。他們還在太湖邊上造了一座胥王廟，封他為鎮湖的湖神。

▌古村的天人合一理念

■棠樾村牌坊

在安徽歙縣有一個棠樾村，棠樾從宋以前，就有鮑、汪、董等姓居住。村名「棠樾」二字，來源於《詩經‧甘棠》篇召公的故事。

召公名姬奭，也稱召康公、召伯，是周文王之子，周武王、周公旦的同父異母弟。召公推行周文王的政令時，深入民間，來到棠樾村，在一棵甘棠樹下辦公，甚得民心。

後來，當地的人們特地保護那棵甘棠，讓它枝葉茂盛、清蔭滿地，還把甘棠樹陰簡稱「棠陰」，寓意召公的「德政」。棠樾的「樾」字，即指那棵甘棠樹蔭而言。

棠樾村的文化底蘊不止這些。它的選址符合所謂「枕山、環水、面屏」的原則，以富亭山為屏，面臨沃野，源自黃山的豐樂河由西而東穿流而過，周圍樹木茂盛。這樣的地方，正是東晉田園詩人陶淵明所描寫的「世外桃源」。

棠樾人把自己置身於大自然當中，彷彿自己就是當中的一分子。這種「天人合一」的村莊布局理念，正是中國古村落建築所一貫堅守的。

中國古村落建築各有特點，比如徽派建築有徽派建築的特點，蘇式建築有蘇式建築的特點。這些古村落的外在表現或許各異，但內在有規律可循，特別是在村莊選址、村莊建築及附屬設施上。

古代村莊選址是一件非常嚴肅的事情，要遵循一定的規律，這在一些山區村落尤其明顯。

文化主體：天人合一的思想內涵
古建文明　和諧宜居

　　江南山區的很多古村落，大都是坐北朝南，村後常常有一座挺拔的山，左右兩邊則有高度相對低一點的小山，村前一般都有一條小溪環抱。

　　山區古村落的這些共同點並不是巧合，而是有地理上和生產上的意義。中國地處北半球，一到冬天就多北風、大雪，選擇坐北朝南、背靠大山，在背風一面造房子，可以有效保暖保溫，防止北風直吹。東西兩個方向有小山也是同樣的道理；東西風比較乾燥，只有南風溫暖濕潤，可以帶來降水，有利於農業生產。

　　村前有溪流也同樣是出於農業生產考慮。中國傳統社會是農耕社會，水利是農業生產的命脈，家畜、農作物都要依賴水源才能生存；便利的取水環境，是古代村莊選址必須考慮的重要因素。

　　從考古成果上看，南方的古村落從新石器時代開始，一般都建在海拔五十五公尺至六十五公尺的高度。這個高度和江南一帶的河流高度息息相關。選擇這個海拔高度建村，既方便取水灌溉，又可以有效避免水澇災害。同理，村莊雖然要選擇背靠大山，又要離山腳有一定的距離，這也是為了避免泥石流等自然災害。

　　古人選擇村址，除了考慮以上幾點，還要考察「靠山」的環境。從傳統風水學來說，就是看看「山龍」的龍毛、龍肉、龍血；剝除其神祕的面紗，其實就是看看山的植被、土壤土質、山泉。只有植被豐茂、土層肥厚、山泉潺潺的山才是最適合定居的。

選定了建村地址，如何使村莊的建築與周邊環境相協調也有一定規矩，如一般的老百姓只能住三開間的房子，只有五品以上的官員才可以住五開間的房子。古人的房子裡還有一個東西非常常見，就是天井。天井反映了古人「天人合一」的理念。

古人的意識中，「天人合一」的概念根深蒂固。建築作為精神的物化載體，表現出人類尊重土地、水源、陽光、空氣等自然物的觀念。透過建築形式，把這種抽象化的內心訴求轉化為現實的人居環境，天井無疑是實現「天人合一」的完美要素。

此外，古代村莊的中軸線一般都不建民居，而是建有諸如祠堂、書院等公共設施。相比之下，城市中的府衙、皇宮等建築則都建在中軸線上。這是中國古代城鄉建築上的一個明顯差別。

成熟的古代村莊都有其必備的祠堂、祖宅、池塘，以及保佑一方風調雨順的土地廟和山神廟。

在很多農村地區，池塘是很普遍的生活設施，除了正方形的池塘比較罕見。農村宗祠前通常都有一口池塘，既方便生活，又有助於消防。

古人對池塘的形狀也有所講究，例如農村池塘多取圓形或者長方形。古語中圓形叫「池」，方形叫「塘」，其「方圓」文化意義是顯而易見的。方，是規矩、框架，是做人之本；圓，是圓融、老練，是處世之道。無方，世界沒有了規矩，便無約束；無圓，世界負荷太重，將不能自理。為人處世，當方

則方，該圓就圓。方外有圓，圓中有方，方圓相濟，社會才會和諧，人生自在方圓。

生長在一些古村口的參天大樹，被當地人稱為「水口樹」，這些樹是建村之初種下的，屬於村莊建築的附屬設施之一。

古人建房子就是為了居住，種水口樹也是為了「風水」。水口樹蘊含的建築理念非常符合「天人合一」的理念，也在一定程度上保護了環境。

水口樹因為樹齡夠大，一般都比較高，就像天然的避雷針，有吸引雷擊、保護房屋的作用。同時，水口樹可以擋風，有遮擋、迂迴的功能；進村莊時，往往要先繞過水口樹才能看到村莊。約定俗成，沒有人會去砍水口樹。

有些保存較好的村莊的水口樹附近，還有種叫做「孤魂壇」的建築。在古代有些農村，有客死他鄉的村民屍體不能運回村中，孤魂壇就可以暫時用來停靈。

這個規定看似不近人情，但是在衛生條件非常落後的古代，即使是大夫也很難確定死於外地之人的死因，而古代疾疫、傳染病並不少見，禁止死者入村也算是一種防疫措施。

總之，中國古代村莊建築的這種利用自然、尊重自然，以及注重建築格局的做法，正是古人「天人合一」建築觀的展現。

棠樾村屬安徽省黃山市歙縣，以牌坊群而聞名於世。牌坊群由七座牌坊組成，以忠、孝、節、義的順序相向排列，分別建於明代和清代，都是旌表棠樾人的「忠孝節義」的。

棠樾牌坊群就是明清時期建築藝術的代表作，建築風格渾然一體，雖然時間跨度長達幾百年，但形同一氣呵成。歙縣棠樾牌坊群一改以往木質結構為主的特點，幾乎全部採用石料，且以質地優良的「歙縣青」石料為主。這種青石牌坊堅實，高大挺拔、恢宏華麗、氣宇軒昂。到明清兩代，牌坊建築藝術日臻完善。建築專家們認為，棠樾牌坊對研究明清時期的政治、經濟、文化及建築藝術和徽商的形成和發展，甚至民居民俗都有極其重要的價值。

▌古民居的天人合一設計

■北京四合院大門

文化主體：天人合一的思想內涵
古建文明 和諧宜居

　　中國古代民居建築是文化背景中的一部分，其建築思想在很大程度上受到文化因素的影響。如北京四合院民居、安徽徽州民居、嶺南客家「圍龍屋」和雲南納西族民居等，「天人合一」思想在這些民居建築上留下了獨特的痕跡。

　　四合院建築，是中國古老、傳統的文化象徵。在「天人合一」的觀念影響下，古人認為他們的居住空間裡，必須包含一部分沒有房頂的空間，也就是所謂的院子，所以人與大自然非常親近。

　　四合院的「四」包括東西南北四面，「合」是合在一起，形成一個「口」字形的院子，這就是四合院的基本特徵。四合院建築之雅緻，結構之巧，數量之眾多，當以北京為最。

　　四合院是北京人的傳統民居，遼代時已初步形成規模，經歷代逐漸完善，最終成為近代的民居形式。四合院的建築形式和風格既是來自「天人合一」，也反過來加強該文化精神。它的設計，不僅要滿足居住的實用功能和便利的生活功能，還要能承載人與天地自然互相親近、互相交融的文化功能。

　　北京的四合院，大大小小，星羅棋布，或處於繁華街面，或處於幽靜深巷之中；大則占地幾畝，小則不過數丈；或獨家獨戶，或數戶、十幾戶合居，形成了一個符合人性心理、保持傳統文化、鄰里關係融洽的居住環境。它形成以家庭院落為中心，街坊鄰里為幹線，社區地域為平面的社會網路系統。

北京四合院的建築布局，是以南北縱軸對稱佈置和封閉獨立的院落為基本特徵。按其規模的大小，有最簡單的一進院、二進院或沿著縱軸加多三進院、四進院或五進院。

住在四合院裡的人不常與周圍的鄰居來往。在小院裡，一家人過著日子，與世無爭。可以說，四合院是在歷史的洪流中、動盪的社會風雲裡，北京人所尋覓到的一個安詳恬靜的安樂窩。

徽州民居，指徽州地區內具有當地傳統風格的民居，是漢族傳統民居建築的重要流派，也稱徽派民居，完美地整合實用與藝術。古徽州下設黟縣、歙縣、休寧、祁門、績溪、婺源六縣。自秦代建制兩千多年以來，悠久的歷史沉澱、濕潤的季風氣候加上在這塊被譽為「天然公園」裡生活的人們的聰明才智，創造了獨樹一幟的徽派民居建築風格。

在古徽州大地上，明清時期的古民居建築總計有七千棟，古村落一百多處。徽州古民居建築，形式多樣，五花八門，總計約十五種之多，包括古城、古村鎮、祠宇、寺廟、書院、園圃、戲台、牌坊、關隘、橋樑、塔、亭、堤壩、井泉和村落。

古徽州人利用徽州山地「高低向背異、陰晴眾壑殊」的環境，以陰陽五行為指引，千方百計去選擇風水寶地建村，以此求上天賜福，衣食充盈、子孫昌盛。

從中國古代建築選址觀念看，徽州民居一般按照陰陽五行學說，周密地觀察自然和利用自然，以臻天時、地利、人和，達到「天人合一」的境界。

文化主體：天人合一的思想內涵

古建文明 和諧宜居

在古徽州，幾乎每個村落都有一定的風水依據。或依山勢，扼山麓、山塢、山隘之咽喉；或傍水而居，抱河曲、依渡口、汊流之要沖。有呈牛角形的，如婺源西坑；有呈弓形者，如婺源太白司；有呈帶狀的，如婺源高砂；有呈之字形的，如婺源梅林；有呈波浪形的，如黟縣西遞；有呈雲團聚形的，如歙縣潛口；有呈龍狀的，如歙縣江村；還有半月形、「丁」字形、「人」字形、「口」字形、方印形、弧線形、直線形等，可謂形態各異，氣象萬千。

實用與藝術的結合是徽州民居的另一個特色。徽州古民居大都依山傍水，山可以擋風，方便取柴燒火做飯取暖，又給人以美感。村落建於水旁，既可以方便飲用、洗滌，又可以灌溉農田，美化環境。徽居的古村落，街道較窄，白色山牆寬厚高大，灰色馬頭牆造型別緻。

這種結構，節約土地，便於防火、防盜、降溫、防潮，使各家嚴格區別，房子的白牆灰瓦，在青山綠水中十分的美觀。

徽州宅居很深，進門為前庭，中設天井，天井可通風透光，四水歸堂，又適應了「肥水不流外人田」的樸素心理。後設廳堂住人，廳堂用中門與後廳堂隔開，後廳堂設一堂二臥室，堂室後是一道封火牆，靠牆設天井，兩旁建廂房，這是第一進。

第二進的結構仍為一脊分兩堂，前後兩天井，中有隔扇，有臥室四間，堂室兩個。

第三進、第四進或者往後的更多進，結構都是如此，一進套一進，形成屋套屋。此外，徽派民居皆建雙層屋簷，以利遮擋雨水。

　　徽式建築又以青磚黛瓦馬頭牆一大特徵。馬頭牆又稱為封火牆；這種高大的封火牆在鄰居發生火災時，能有隔絕火源、防止火勢蔓延的作用。層層堆疊的馬頭牆高出屋脊，在蔚藍的天際間，勾出民居牆頭與天空的輪廓線，增加空間的層次和韻律美，表現天人之間的和諧。

　　客家人的「圍龍屋」雖然不算精美絕倫、宏偉壯觀，卻不缺乏實用性與獨特性，當然也少不了「天人合一」建築思想。

　　「圍龍屋」背靠大山樹林，整體處在綠蔭環抱之中；門前的池塘蕩漾著碧波，鳥瞰圍龍屋，池塘、禾坪和圍龍屋恰好組成一個以南北子午線為對稱軸的「太極圈」。

　　正面看去，「圍龍屋」占據最高點，其次是上堂、中堂、下堂依次排列，以對稱式庭院房屋之姿向前後左右重疊排列，構成全組的核心。正堂處於正中，一般由最高輩份的人居住。

　　在建築結構上，「圍龍屋」承襲中原傳統民居的架構、牆體和斜坡屋頂，根據南方氣候特點，以「四扇三間」為基本建築單位，形成「三堂兩橫」為核心的家居單元。平面布局上，層次分明，左右對稱，主要的建築物置於對稱軸上，附屬建築均設於主建築物的兩旁。

文化主體：天人合一的思想內涵

古建文明 和諧宜居

　　客家「圍龍屋」講究來龍去脈，坐北向南。圍龍屋門前的池塘和屋後培植的樹林、屋內的廳堂、天井的布局等都充分表現出風水術在民居建築中的應用。

　　「圍龍屋」被稱為有「龍穴」的寶地，因此在半圓圍層中央所辟單間廳房稱為「龍廳」，廳堂背面稱為「龍廳背」，而「廳背」至「龍廳」中間拱狀隆起以石或磚鋪結則稱為「化胎」處。

　　有龍的地方就必須有水，因而客家人建築「圍龍屋」時，門前都要設置水塘，而其拱形隆起「化胎」處，便是該龍所踞與孕育龍子、龍孫「化胎」的所在。

　　「圍龍屋」在選址上講究地理生態性，在結構布局上展現天人合一，在房屋功能上表徵倫理生態，整合三者便能有效地穩固生命的存續。

　　「圍龍屋」民居建築重視屋基的選擇，其選址主要考慮龍、局、水三個方面的因素：

　　「龍」，指的是山形的總脈絡，即龍脈。山體是支撐房屋的骨架，也是人們生活資源的天然場所。「圍龍屋」總是傍山而建，同時講究地勢。

　　「局」，是房屋周圍，自總脈分出來的支脈共同集成的局勢。有些山勢略為不足的「圍龍屋」，往往在屋後的山坡營建風水林，只許栽種不許砍伐，以藏風得水。客家先輩認為「林木興則宅必發旺，林木敗則宅必衰落」，這是一種人為因素的「配風水」。

「水」，屋基前面的水勢。在「圍龍屋」的前面都置有一口半圓形的池塘，它不只是為日常生活提供方便，還含有完善基地陰陽、配偶、山影門庭的意圖。

　　客家「圍龍屋」以「一進三廳二廂一圍」為基本的結構，其他無論是二圍、三圍還是多圍，都是在這基礎上增添擴建而成的。也就是說，不管「圍龍屋」的大小，其總體特徵和基本結構是不變的。如梅州地區的梅江區、白宮、鬆口、南口等各個地方的「圍龍屋」形態都大體一致。

　　房屋的內部結構，從曬穀坪到上堂、連同左右兩廂房間共同構成一個方形或矩形。曬穀坪前面有一口半圓形的池塘，即所謂的「龍池」，上堂後有一半圓形的圍屋，它們與中間的方形或矩形構成一個橢圓形狀。

　　從高空俯瞰，其外部形態以外牆的「龍體」和屋頂的「龍脊」共同組成「圍龍」的整體，封閉性很強。客家人多數聚族而居，這樣的建築形式有利於內部的協調統一和防禦功能，而在這樣井然有序、高度統一的理性控制下，往往會使人養成內向或善於儲蓄的性格；實際上，這也是客家人尋求封閉獨立和防禦外界干擾的反映。

　　「圍龍屋」如此設計，與當時客家人的處境有很大的關係。當時的客家南正逢遷入偏僻山區、身受當地人排擠和欺侮之時；為了一致對外，他們不得不聚族而居，並建造有防禦功能城堡式的住宅。這種群居的形式與客家人自身團結的精神相結合，二者形成很強的向心力，從而在長久的遷徙中

得以保存、壯大。「圍龍屋」的生態性對於形成客家人的精神世界發揮獨特的作用。

「圍龍屋」的建築特色是古代陰陽思想的投射，集中表現在講求建築物體與天然地形的協調統一，符合「天人合一」的哲學道理。自古至今，《周易》的「天人合一」、「人與自然共處的居住環境風水論」始終都是客家民居、民俗的一大特色。

納西族民居建築不僅是自然環境的一種產物，更是他們集體智慧和民族文化的結晶，是精神文化的實體。

納西族歷來強調整體觀念，把天、地、人看作統一的整體；其信仰為東巴教，而東巴教的核心之一就是自然崇拜，納西族居住環境因而非常重視「天人合一」的完整性和「人與自然」的協調性，村寨選址力求使其與自然山水相契合。

自然與人文環境因素相互結合，讓納西族民居建築形成以村寨為中心，與山林、農田、水源等生產生活資源相互適應的格局，成為獨特的地域文化。

比如，麗江古城布局上充分利用山川地形及周圍自然環境，以玉龍雪山為背景，以獅子山為依託，以奔流的玉泉河水為靈魂，街道或依山就勢，或順水延伸，展現的是一種順應空間、適應地形的自然狀態。古城道路以「四方街」為中心，自由放射，四通八達，與「茶馬古道」等重要驛站和物資集散地互相匹配。

納西族民居建築充分表現出與周邊的漢族、白族、藏族等民族間的文化交流與融合，地域特色明顯。

納西族民居中最常見的「三坊一照壁」和「四合五天井」，來自於白族民居；上窄下寬的房屋架構受到藏族民居建築的影響。在借鑑白族民居的平面布局和藏族民居的穩健構架的同時，納西族民居根據本民族的文化特徵、審美情趣進行改造，形成自己「質樸簡潔」和以「黑白灰」為主色調的獨特民居建築風格。

納西族民居的特色之一為不論城鄉，家家房前都有寬大的廈子，即外廊。廈子是麗江納西族民居最重要的組成部分之一，這與麗江的宜人氣候分不開，納西族人民也因此將一部分房間的功能如吃飯、會客等搬到廈子裡。

在建築設計、風格及藝術等方面，大研古城的納西民居最具特色。麗江大研鎮古城民居充分結合地形、環境條件和道路網路的獨特之處，建築遵從自然，依山傍水、順山就勢、坐北朝南、向陽而居。民居建築追求人與自然環境的和諧，外部地理環境與院內的花草樹木有機融合，營造舒適的人居環境。

民居院落按照所處位置的不同，可分為臨街、沿河、依山等。有的掩映在青松翠柏中，別有情調；有的跨河而居，意趣盎然；有的喜好熱鬧，居於城中；有的甘願平靜，選擇城郊。古城內大約有上千個大小不一的院落，臨街的那一面都設為店鋪，十分熱鬧；但走進院內，因納西族擅長營造居所，天井內多種植花草，顯得寧靜和諧。

文化主體：天人合一的思想內涵
古建文明 和諧宜居

　　納西族一直都抱持著崇尚自然的民族文化心理，不僅視天地山河為人類賴以生存的物質空間，更追求「天人合一」的理想境界。這項傳統尤其對民居建築藝術產生極大的影響。

　　總之，中國古代民居既典雅實用，又傳達其與自然和諧共處的象徵意義。無論是挑選建地或是建築過程中都充分展現「天人合一」、追求和諧的世界觀。如果現代建築技術能夠將這種思想結合起來，相信可以登上一個新的台階。

閱讀連結

　　徽州民居多重檐，據說這種建築源於宋太祖趙匡胤。宋太祖建立宋王朝後親征到了歙州，當大軍抵達今休寧縣海陽城外時，天色突變，大雨將至，宋太祖便至一間瓦房處避雨。徽州民居的屋簷很小，遠不及中原地帶的屋簷那麼長，加上這天風大雨急，眾人都被淋成了落湯雞。

　　雨過天晴，居民開門發現宋太祖此般模樣，以為死罪難逃，跪地不起。宋太祖卻未責怪，問道歙州屋簷為什麼造得這麼窄，村民說是祖上沿襲下來的，宋太祖認為舊制不能改，但可以在下面再修一個屋簷，以利過往行人避雨。自此以後，徽州所有的民居漸漸都修成了上下兩層屋簷。

古園林的天人合一精神

■華清宮皇家園林

　　中國古人在與自然保持親和、相互交融的關係中，很早就發現自然美並對其有著獨特的鑒賞力。從道家的「以人合天」、儒家的「以天合人」、禪宗的「天人一體」觀念中，可見古代哲學宣揚人與自然的和諧與統一，以「天人合一」為最高理想。

　　這種哲學觀念使中國古人對大自然懷有強烈的感情，於是，「天人合一」這樣展現人與自然契合無間的精神狀態，就成為中國傳統文化的核心，並貫穿中國古代整個文化思想史，當然也成為中國古典園林的終極精神。

　　在中國古典園林建築藝術中，「天人合一」作為一種終極精神，以為師法自然、融於自然、順應自然、表現自然為表現，由此創造出中國特有的園林美學。

文化主體：天人合一的思想內涵
古建文明 和諧宜居

　　師法自然，在古代造園藝術上包含兩層內容：一是總體布局、組合要合乎自然，二是每個山水景像要素的形象組合要合乎自然規律。

　　前者的概念在於，山與水的關係以及假山中峰、澗、坡、洞各景象因素的組合，要符合自然界山水生成的客觀規律；後者則以例子探之，如假山峰巒是由許多小的石料拼疊合成，疊砌時要仿天然岩石的紋脈，儘量減少人工拼疊的痕跡。水池常作自然曲折、高下起伏狀。花木佈置應是疏密相間，形態天然。喬灌木也錯雜相間，追求天然野趣等。

　　融於自然就是處理好形與神、景與情、意與境、虛與實、動與靜、因與借、真與假、有限與無限、有法與無法等種種關係。如此，則把園內空間與自然空間融合和擴展開來。

　　中國古代園林用種種辦法來分隔空間，其中要以建築為主。分隔空間力求突破園林實體在視覺上的侷限性，使之融於自然、表現自然。比如漏窗的運用，使空間流通、視覺流暢，因而隔而不絕，在空間上起互相滲透的作用。在漏窗內看，玲瓏剔透的花飾、豐富多彩的圖案，有濃厚的民族風味和美學價值；透過漏窗，竹樹迷離搖曳，亭台樓閣時隱時現，遠空藍天白雲飛游，造成幽深寬廣的空間境界和意趣。

　　順應自然主要表現在園林建築中。中國古代園林中，有山有水，有堂、廊、亭、榭、樓、台、閣、館、齋、舫、牆等建築。人工的山、石紋、石洞、石階、石峰等都顯示自然的美色。人工的水，岸邊曲折自如，水中波紋層層遞進，也都顯示自然的風光。

園林的所有建築，其形與神都與天空、地下自然環境吻合，同時又使園內各部分自然相接，展現其自然、淡泊、恬靜、含蓄的藝術特色，並收穫移步換景、漸入佳境、小中見大等觀賞效果。

　　園林建築中表現自然的材料有很多，諸如樹木花卉等。中國古代園林對樹木花卉的處理與安設，講究表現自然；松柏高聳入雲，柳枝婀娜垂岸，桃花數里盛開，乃至於樹枝彎曲自如，花朵迎面撲香，其形與神、意與境都十分重在表現自然。

　　師法自然，融於自然，順應自然，表現自然，這是中國古代園林表現「天人合一」思想之所在，而由此創造的園林美學，是中國古代園林獨立於世界之林的最大特色，也是永具藝術生命力的根本原因。

　　園林不同於宮殿、長城、廟宇、橋樑，它有自身的一些特色。比如文人畫家參與所造之園，往往以山水為藍本，詩詞為主題，以畫設景，以景入畫，寓情於景，寓意於形，以情立意，以形傳神，楹聯、詩詞與園林建築結合，富有詩情畫意，耐人尋味。

　　中國古典園林可以說是自然的，因為它是發展成熟的自然或者是改造過的自然景觀的集合，其建築形態的豐富多樣，不同的山水條件，不同的地形地勢，就有不同的人文建築與之相稱。

　　樓閣是古典園林中的制高點，融合全園景色，近可瀏覽園內風光，遠可眺望園外景色；

文化主體：天人合一的思想內涵
古建文明 和諧宜居

　　亭有傲立山巔的山亭，有安居水際的水亭，有輕騎隔水的橋亭。由於選址精心，營造精巧，而與山水渾然一體；

　　廊儀態萬千，有遊廊、迴廊、直廊、曲廊、花廊、水廊、爬山廊等，環山繞水，靈活別緻；

　　橋是一種架空的人造通道，或如飛虹橫跨水面，或如曲徑貼水而行，曲線柔和，韻律協調，雄偉壯觀。

　　中國古典園林之美，表現為從有限到無限，再由無限而歸於有限，達到物我兩忘，自我感情、意趣的自然抒發。這就是中國傳統藝術所追求的最高藝術境界。其「天人合一」的宇宙觀、人化的自然、自然的人化在中國園林創作設計中得到淋漓盡致的發揮與展示。

閱讀連結

　　春秋戰國時期，各國諸侯都喜歡修建園林，互相比美。當時吳國在闔閭的治理下已經很強大了，在園林建造上也不甘落後，闔閭及其子夫差利用蘇州郊區的自然山水建造了規模宏大、建築華麗的姑蘇台、館娃宮，可以說是蘇州最早的皇家園林。

　　蘇州園林起始於春秋時期，形成於五代，成熟於宋代，興旺鼎盛於明清。到清末蘇州已有各色園林一百七十多處，現保存完整的有六十多處，對外開放的園林有二十處左右。

帝陵布局與天人合一觀

■漢陽陵南闕門遺址

　　中國文化講究「天人合一」，也就是人與自然的和諧統一，因此古代帝王在選擇墓葬位置的時候都非常重視「風水」。而「風水學說」實際上是中國特色的「環境觀」，其中包含中國古代先民對於自然的探索和認識。

　　歷代帝王陵寢占據一處處「吉壤」，而這些地區的選擇，無不展現出古人對繁榮昌盛寄予的厚望。

　　按照古人的觀念，陰宅選址的地形地勢、方位和安全，將長久地影響後代子孫的命運。而「吉壤」恰恰整合了天地萬物間的相互聯繫、相互制約、相互依存、相互對立、相互轉化，具有系統論意義。事實上，風水學的功能就是要把握各個子系統之間的關係，最佳化結構，尋求最佳組合。古人選擇「吉壤」正是對系統論的樸素應用。

文化主體：天人合一的思想內涵
古建文明 和諧宜居

　　例如唐代的「關中十八陵」，各陵以層巒起伏的北山為背景，南面橫亙廣闊的關中平原，與終南、太白諸山遙遙相對。渭水遠橫於前，涇水縈繞其間，近則淺溝深壑，前望一帶平川，廣原寂寂，更襯出陵山主峰的高顯。

　　唐陵繼承漢陵四向開門的傳統並加以發展，形成象徵帝王居所的宏偉構圖：在陵丘四周建方形圍牆，稱為內城，四面正中為門，設門樓，四角設角樓；南門朱雀門內建獻殿，舉行大祭典禮；朱雀門外是長達三、四公里的神道，最南端以一對土闕開始，闕後為門，由此向北離朱雀門約數百乃至上千公尺是第二對土闕及第二道門，再由此門通向朱雀門前的第三對土闕。在第一、第二重門之間的廣大範圍內分佈著眾多的陪葬墓，其中尤以唐太宗昭陵的陪葬墓最多，高達一百六十七座。整個陵區範圍十分廣闊。此外還以許多氣勢雄壯的石人石馬來陪襯渲染帝陵的尊嚴和崇高的氣氛，使得無論什麼人來到此地都不由自主地產生敬仰尊崇之意。

　　因地制宜也是古人陰宅選址的原則之一。根據實際情況，採取切實有效的方法，使帝陵建築與人適宜於自然，回歸自然，返璞歸真，天人合一，這也正是風水學的真諦所在。

　　比如明代永樂年間，為了求得吉祥的墓地，明成祖朱棣命江西風水師廖均卿在昌平境內尋找。後來他在這個區域找到一片「吉壤」，叫黃土山，山前有龍虎二山，形成風水寶地。經明成祖親自踏勘確認後封為「天壽山」，並於西元一四〇九年開始在此修建十三陵的第一座陵墓長陵。

明十三陵所處的地形是北、東、西三面環山，南面敞開，山間泉溪匯於陵前河道後，向東南奔瀉而去。陵前六公里處神道兩側有兩座小山，東為「龍山」，西為「虎山」。用風水理論來衡量，天壽山山勢延綿，「龍脈」旺盛，陵墓南面而立，背後主峰聳峙，左右「護砂」環抱，向南一直伸展至北京小平原，前景開闊。陵墓的基址「明堂」平坦寬廣，山上草木豐茂，地脈富有「生氣」，無疑是一處天造地設的帝陵「吉壤」。

從明十三陵的選址我們可以看到，古人十分注重因地制宜，結合陵寢建築與自然山川、水流和植被，追求形同「天造地設」的完美境界，用以呈現「天人合一」的哲學觀點。

我們的祖先在生存過程中整理出許多蘊涵著智慧的生活經驗，其中依山造陵就是很重要的一條。

早在春秋戰國時期已經興起依山造陵的觀念。許多國君的墓不是背山面河，就是面對視野開闊的平原，甚至有的國君墓乾脆建在山巔之上，用以顯示生前的崇高地位和皇權的威嚴。後來人們選擇墓地又特別重視依山傍水的地理環境，依山傍水之地被古人視作最佳風水寶地。

著名的秦始皇陵就是依山傍水造陵的典範，它背靠驪山、面向渭水，這一帶的自然環境十分優美。整個驪山唯有臨潼縣東至馬額這一段山脈海拔較高，山勢起伏，層巒疊嶂。從渭河北岸遠遠眺望，這段山脈左右對稱，似一座巨大的屏風立於始皇陵後，站在陵頂南望，這段山脈又呈弧形，皇陵位

文化主體：天人合一的思想內涵
古建文明 和諧宜居

於驪山峰巒環抱之中，與整個驪山渾然一體。可以看出，這裡正是一塊符合依山傍水原則的風水寶地。

秦代「依山環水」的造陵觀念對後代建陵產生了深遠的影響。西漢帝陵如高祖長陵、文帝霸陵、景帝陽陵、武帝茂陵等就是仿效秦始皇陵「依山環水」的風水思想選擇的。以後歷代皇陵基本上都繼承了這個建陵思想。

中國傳統的「天人一體」哲學觀使得中國人對於天地、人生有著獨特的看法。古代帝陵講究順應龍脈，其實就是人與自然的協調和統一。

風水學把綿延的山脈稱為龍脈。中國的龍脈都源於西北的崑崙山，從崑崙向東南又延伸出三條龍脈，北龍從陰山、賀蘭山入山西，起太原，渡海而止。中龍由岷山入關中，至秦山入海。南龍由雲貴經湖南，至福建、浙江入海。每條大龍脈都有幹龍、支龍、真龍、假龍、飛龍、潛龍、閃龍，因此，勘測風水首先要搞清楚來龍去脈，應順應龍脈的走向。

中國帝王陵墓的選址非常注重查形觀勢。清代在選擇帝陵陵址時就在這方面下了很大功夫。據說清東陵是順治親自跑馬遊山而選定的風水寶地；以風水而論，這裡確實是絕佳之地。

清東陵的整個陵區以昌瑞山為界，以北稱「後龍」，是龍脈來源；陵區以昌瑞山為靠山，東側的鷹飛倒仰山為青龍；西側的黃花山為白虎；南部的形如覆鐘的金星山為朝山；遠處的影壁山為案山；馬蘭河、西大河二水環繞屈曲流過，環抱有情。此為典型的「山環水繞、負陰抱陽」的山水格局。

清代各皇帝后妃陵寢的選址和營建都是如此，無不考慮龍、砂、穴、水、明堂、近案和遠朝的相互關係，以追求人與自然的和諧統一。

　　在堪輿師給帝王選擇陵寢的過程中，他們除了重視方位形勢等因素外，也很重視甚至挑剔當地的土壤品質。針對這些問題，他們常常在相地時親臨現場，用手捻，用嘴嚼嘗泥土，甚至挖井察看深層的土質和水質，俯身貼耳聆聽地下水的流向及聲音。這些舉動看似裝模作樣，但現代科學已經證實，傳統風水學認為土質決定人的體質的說法是有所依據的。

　　比方說，土壤中的鋅、鉬、硒、氟等元素會直接影響人的健康；潮濕腐敗之地是細菌的天然培養基地，會導致關節炎、風濕性心臟病、皮膚病等；強烈的磁場可以治病，也會引起頭暈、嗜睡或神經衰弱等疾病；複雜的地質結構，可能放射出長振波或汙染輻射線或粒子流，導致人頭痛、眩暈、內分泌失調。

　　從另一方面來說，古代的堪輿師相對來說都是地理學家，對氣候、環境較為敏感，風水術有其原因的，並非胡言亂語。

　　古人選擇陵址不僅分析土質，也分析水質。風水中的「水」，其實就是水文水質。水質不好，就會造成生物生長不好，人得病，生活陷入災難。這也是古代自然觀念被大力提倡的原因。

　　古代帝王在選擇陵寢時對當地的水非常重視。明十三陵附近有非常豐富的水源，因此這裡終年草木豐茂，生物的多

文化主體：天人合一的思想內涵
古建文明 和諧宜居

樣性也發展得很好。明十三陵水庫現在已作為北京城市供水的重要組成部分，提供北京城市的健康發展有力的支持。

風水學相當注重方向。堪輿師在選好陰陽宅的位置後，還要選擇最合適的建造方向，讓建築接收承納四周山水空間的生氣。這也叫做「立向」；立向是風水中的一大關鍵。

風水學中的坐北朝南原則是古人透過千百年的經驗得出來的結果，這其實也是人類與自然和諧相處的生存之道。

中國一般帝王陵墓的方向都是背山面水或是坐北朝南，如南京的明孝陵、北京的明十三陵皆是如此，唯獨位於鳳陽的明皇陵卻是朝北而建，而且道路還略有歪斜。究其原因，這是因為中都城垣宮殿在皇陵的東北方，為了使皇陵朝向中都的非常處置。

中國古人早在很久以前就已經注意到環境與人之間相互作用的關係，而環境的好壞與樹木的多少是緊密相關的。因此，無論是對於生者的住宅還是死者的陵墓，在周圍栽種樹木、進行綠化，已經成為一個必不可少的行為。舊制規定：

天子墳高三仞，樹以松；諸侯半之，樹以柏；大夫八尺，樹以欒；士四尺，樹以槐；庶人無墳，樹以楊柳。

這實際上已經以禮制的形式把陵寢的普遍綠化原則固定了下來。

無論是明孝陵還是十三陵，但凡古代帝王所葬之地基本上都是樹木繁茂、水草豐美的地方，這除了原先選址的時候對環境的嚴格要求以外，也是後人不斷栽種樹木進行綠化的結果。

改造環境在其過程中同樣重要，但這並非率性而為，而是在順應自然的前提下進行的改革。中國古代帝王陵在改造風水方面一直是不遺餘力。秦始皇陵就是其中的一個代表。

秦始皇陵園南依驪山，北臨渭水，已是占據一塊符合風水原理的寶地。然而在修建秦始皇陵時，當時的人仍在陵園西南側修築一條東西向的大壩，壩長一千多公尺，最寬處達四十多公尺，遺址殘高依然有兩至八公尺，就是人們通常所說的五嶺遺址。這條大壩將原來出自驪山東北的魚池水改為西北流，圍繞秦始皇陵東北而過。

當自然山川條件不能十全十美時，就人工加以修、補、填、挖，這種把自然和人文有機結合在一起，造就出理想的「人造」風水寶地的方法，在歷代帝王陵墓的建造中都有表現，也可謂對風水理論的一種實際應用。

總之，古人透過把握整體系統，因地制宜，依山造陵，順應龍脈，查形觀勢，分析土質和水質，確定建陵朝向，綠化陵區，使「吉壤」顯示出宇宙圖景，這是古人追求人與自然相和諧統一時的結果。帝王陵寢的風水意向看似迷信，其實展現了「天人合一」的思想。

閱讀連結

風水圈中曾流傳過一個「郭璞葬母」的傳說。

郭母死後，郭璞給母親挑選的墓穴距離河邊不足一公尺，如果一淹大水，墳墓便會被淹掉，這可是風水大忌，郭璞卻敢葬，預言水必退去。時人將信將疑。結果若干年後，河水果然改道了，郭母墓四周都成了桑田，郭璞的名氣因此大振。

文化主體：天人合一的思想內涵
古建文明 和諧宜居

　　郭璞為什麼敢這麼斷言？無非是他對附近的山川走向、
河流分佈、氣候變化比別人更瞭解罷了。

科技之魂 法天而行

「天人合一」是中國古人呈現人與自然關係的思想，反映人們注重「法天而行」，而這樣的理念同時造就中國的生態文明。

中國古代生態文明是先民為保護和建設生態環境而取得的成果，貫穿於各方面的系統工程。

古人在土地資源的利用、水利工程建設、動植物保護、古代科技等方面都取得了豐富的成果，反映中國古代社會的文明進步狀態。

▌土地利用與天人合一觀

■原始人耕種水稻復原圖

　　中國古人最基本的思維方式表現在人與自然的關係上，就是「天人合一」。這樣的思想造就良好的生態文明基礎，包括保護和利用土地資源的觀念。

　　中國自古以農業為立國之本，土地對人民具有不可替代的重要地位；土地利用的程度是中國這個農業大國的生產規模與生產水準的呈現。

　　中國古代一些政治家和先哲提出了許多土地資源利用的理性主張，這些主張對古代的土地使用具有指導與關鍵性的作用。

　　道家學派創始人老子曾說：「人法地，地法天，天法道，道法自然。」

「人法地」旨在強調人類要效仿地球母親的慈愛、無私、寬恕、奉獻的精神；人為自然之子，人類和地球母親有著千絲萬縷的關係，地球母親也必然會影響到人的內心環境。

人類只有儘快適應地球之母的種種變化，才能健康地持續發展。對自然環境尤其是土地資源的破壞，也必然最終破壞到人類自身。

意思說，山林雖然近得唾手可得，草木雖然豐美得都可使用，但國家用度應有節制，砍伐也須適時。

戰國時期成書的《黃老帛書》中說：使用土地的根本在於因地制宜，恰當地種植適於該地生長的農作物，準確地掌握耕種的時間和季節，並且根據時令來種植五穀；「土敝者亡祀」，即指土地過度使用而使土地凋敝，那就要「亡祀」，人不能繁衍下去了。

成書於戰國時期的《尚書‧禹貢》對當時中國南方、北方、東部、西部、中部各地區的土壤類別及其利用差異就有所闡述。

春秋時期的齊國政治家管仲指出：

山林雖近，草木雖美，宮室必有度，禁法必有時。

此外，歷代帝王每年至少要在春秋兩季祭祀土神和穀神；春耕之前，要祈求神靈的保佑，秋收之後，要報答神靈的恩賜，這就是行春祈秋報的古禮。古人稱土神為「社」，稱穀神為「稷」。北京天安門西側中山公園內，有一座俗稱「五色土」的社稷壇，那就是明清兩代帝王祭祀土神和穀神的地方。

文化主體：天人合一的思想內涵
科技之魂 法天而行

　　作為一個農業大國，如何利用和開發土地多種穀物，解決吃飯問題，一直是擺在古人面前的首要大事。中國古人在利用和開發土地方面表現出來的卓越智慧，令人讚嘆。

　　中國最初的農業耕作制度是生荒耕作制度，當時人少荒地多，採用生荒耕作制度是行得通的。隨著生產的發展，開發熟荒地比開發生荒地省力，於是，人們發明了熟荒農作制度。在此基礎上，人們為了加快恢復土地而實行週期更短、更有次序的輪種輪休，於是，發明了休閒耕作制度。休閒耕作制度展現出古代中國人在合理使用土地上，用養結合的智慧。

　　休耕制度中土地休閒的長短，取決於地力恢復的年限。古人為了恢復地力採取了很多有效的措施，例如：靠陽光雨露的滋潤，讓荒地上的自然植被復甦，使地力得到恢復；對土地進行耕翻，改善土壤的生產性能；透過人工施肥，有效地延緩土地貧瘠速度，儘快地恢復土壤肥力；普及和推廣鐵犂牛耕技術，改善土壤的物理性狀，等等。處處展現出古人在人與自然的關係上合理開發和利用自然資源的聰明才智。

　　在這些恢復地力的措施中，人工施肥和犁耕是適應農業發展而產生的重要農作技術。

　　戰國時期，人們大面積地開墾荒地，在連作制基礎上還出現了輪作複種制、一年兩熟制、兩年三熟制和四年五熟制。那時候，農業勞動生產率急速上升。當時魏國的畝產量折成後來的計算制度約為九十一市斤，一個農夫至少可以養活十

人。兩千多年前的中國農業勞動生產率能夠達到這樣的水準，確實不簡單。

從秦漢至隋唐，先民們不斷積累經驗，使施肥及土地利用技術提高到了新的水準。

肥料在此時期農業生產中的地位越加重要，以至於在唐代，肥料成為商品。史載唐都長安富民羅會，「家財巨萬」，就是「以剔糞為業」起家的。

唐代人有順山坡而耕種的，當時稱「畬田」。為了防止破壞自然植被，雨水順坡沖走田土，農民在山坡田周圍疊砌石塊，這無疑為後來山區梯田的出現積累了經驗。

宋代社會經濟急速發展，土地複種面積擴大。兩宋之際的農學家陳旉撰成《陳旉農書》，探討施肥與地力的關係；陳旉在書中提出兩個關於土壤肥力的學說：一是「用糞猶用藥」的觀點，指出施肥要因地制宜；二是「地力常新壯」的論斷，即肥料不僅可以改良土壤，還可以用來維持並增進地力。這些理論使中國傳統農業中積極養地的科學思想更加輝煌。

宋代盛行修造梯田；當時梯田建設之熱，實為中國山區農業發展的重要動力。同時，大約起於春秋末期長江中下游地區的圩田，也有了相當程度的發展。宋代圩田的完善系統，展現出中國古代勞動者把湖田開發與灌溉、航運、植樹、養護等經濟活動整合起來、統籌規劃設計的高超智慧，進一步達到人與自然的和諧共存。

文化主體：天人合一的思想內涵

科技之魂 法天而行

　　圩田給中國農業生產帶來顯著的經濟效益，如南宋大詩人陸游的《常州奔牛閘記》中說「蘇常熟，天下足」，生動地反映出太湖流域圩田的糧食產量程度。

　　元代建立以後，為解決東南漕糧困難和減輕江浙農民負擔，決定開發環渤海地區鹽鹼地，而開發鹽鹼地的關鍵技術是「田邊開溝」。這項技術既可以抬高地面，又可以排澇洗鹼，實際上是一種「溝洫台田」技術。溝洫台田技術，成為後來改造窪鹼地的主要途徑。

　　有了成熟的技術，自然不愁喚醒沉睡的鹽鹼地。經過元、明、清三代勞動人民的辛勤開墾，環渤海一帶的鹽鹼地普遍得到開發和利用，再次顯示出中國古人在處理人與自然關係方面的超凡智慧。

　　此外，中國古人還開創了浮田、架田等人造耕地，對緩解人口眾多的衣食壓力具有一定的作用。

　　古代農耕文化科技觀念、利用和開發土地的技術，為現代人提供了相當程度的啟示。

　　現在關於土地利用的「可持續發展」觀，就是在新的科技生產力水準上，對以往「天人合一」科技觀的哲學及倫理學概括。傳統農耕文化中的「天人合一」思想加上現代科技的巨大威力，會將現代生產力引導到人與土地資源和諧並存的軌道上。

閱讀連結

　　「地力常新壯」論是中國古代關於土壤肥力的重要學說。它的萌芽可以追溯到戰國時代，而形成學說，則是始於宋代農學家陳旉。陳旉認為，土壤也要養護，只管種植，不問養護，時日一久，地力必然走向衰竭。如果重視施肥或加入新土，土壤就能改良，地力也能提高，並且能保持地力常新壯。這就是中國古代著名的地力常新壯論。

　　《中國科學技術史‧農學卷》對陳旉的「地力常新壯」評價說：「地力衰竭曾經是農業史困擾世界的難題，陳旉不僅提出了地力常新的思想，還提出了解決這個問題的辦法，在世界農業史上極為難能可貴。」

▋水利工程與天人合一觀

■都江堰風光

文化主體：天人合一的思想內涵
科技之魂 法天而行

　　中國古人們曾書寫出一部令世人驕傲的古代水利史，其中的著名水利工程都江堰、靈渠、坎兒井，因為它們被稱作「天人合一」的最高典範，而成為這部水利史中濃墨重彩的篇章。

　　之所以說都江堰是「天人合一」的優秀代表，是因為它創造人與自然完美結合的奇蹟。這個奇蹟跟一個人的名字緊密相連，他就是戰國末期的李冰，其建堰的核心概念就是「道法自然」、「天人合一」。

　　都江堰修建前，由於當時的岷江，成都平原水災嚴重。岷江是長江上游一條較大的支流，發源於四川北部高山地區；每當春夏山洪暴發的時候，江水奔騰而下，進入成都平原，由於河道狹窄，常常引發洪災，洪水一退，又是沙石千里。而岷江東岸的玉壘山又阻礙江水東流，造成東旱西澇。

　　戰國末期，秦昭王委任知天文、識地理的李冰為蜀國郡守。李冰上任以後，首先下決心根治岷江水患。他和他的兒子集結許多有治水經驗的農民，對地形和水情進行實地考察，制定治理岷江的規劃方案。

　　為了使岷江的水能夠東流，李冰父子決心鑿穿玉壘山引水。由於當時還未發明火藥，鑿山何其艱難，李冰巧妙地運用熱脹冷縮的原理，用沸水火燒等方法使石頭崩裂，再行開鑿。

　　李冰他們終於在玉壘山鑿出了一個寬二十公尺、高四十公尺、長八十公尺的山口。因其形狀酷似瓶口，故取名為「寶

瓶口」。被分開的玉壘山的末端，狀如大石堆，就是後人所說的「離堆」。

寶瓶口建成後，雖然創造出分流和灌溉的作用，但因江東地勢較高，江水難以流入寶瓶口。為了使岷江水能夠順利東流且保持一定的流量，充分發揮寶瓶口的分洪和灌溉作用，李冰又決定在岷江中修築分水大堤，把江水分為兩支，迫使其中一支流進寶瓶口；因為河堤前端開口猶如魚頭，所以取名叫「魚嘴」。

魚嘴迎向岷江上游，把洶湧而來的江水分成東西兩股；西股的叫外江，是岷江的正流；東股的叫內江，是灌溉渠系的主幹渠，渠首就是寶瓶口，流經寶瓶口再分成不同大小的溝渠河道，組成縱橫交錯的扇形水網，灌溉成都平原的千里農田。

為了進一步控制流入寶瓶口的水量，李冰又在魚嘴分水堤的尾部，修建分洪用的平水槽和「飛沙堰」溢洪道。

當內江水位過高的時候，洪水就經由平水槽漫過飛沙堰流入外江，以保障內江灌區免遭水淹，同時，漫過飛沙堰流入外江的水流產生了漩渦，由於離心作用，泥沙甚至是巨石都會被拋過飛沙堰，因此還能有效地減少泥沙在寶瓶口周圍的沉積。

為了觀測和控制內江水量，李冰又雕刻了三個石樁人像放於水中，以「枯水不淹足，洪水不過肩」來確定水位。他還鑿制石馬置於江心，以此作為每年最小水量時淘灘的標準。

文化主體：天人合一的思想內涵

科技之魂 法天而行

　　李冰花費八年時間，終於將都江堰修築完成。當時叫「湔堋」，三國時稱「都安堰」，又叫「金堤」，唐代稱為「楗尾堰」。宋代開始，都江堰水利系統被囊括起來，在《宋史》中第一次提到「都江堰」，較為精準地代表整個水利工程系統，這個名稱一直沿用至今。

　　據《華陽國志‧蜀志》記載，李冰建成都江堰後，成都平原的岷江水患被徹底根除，蜀地從此發生天翻地覆的變化。蜀地農業生產迅猛發展，「水旱從人，不知饑饉，時無荒年，天下謂之天府也。」成為聞名全國的魚米之鄉。

　　都江堰以不破壞自然資源為前提，整個工程各部分相輔相成，共為體系：自動引水分流，自動排沙防洪，自動調控岷江內外江水量，既防洪又灌溉，同時還有水運功能。從而變害為利，人、地、水三者達到整合，實現人與自然的永續發展。它不僅是人類文化史上的共同財富，也是人類改造自然實現「天人合一」的崇高代表。

　　靈渠又稱湘桂運河，也稱興安運河，位在廣西壯族自治區興安縣境內。秦始皇在統一南方各地的征戰中，為了向前線運送糧餉，命監御史史祿掌管軍需供應，督率士兵、民夫在興安境內湘江與灘江之間修一條人工運河。

　　當時沒有開挖機械或爆炸火藥，只能用鐵錐鐵鑽鑽取石塊、用鋤鏟開鑿渠道；也沒有任何準確的測量儀器，只能用目測、步測的方法來決定地勢的高低。

　　史祿及其同僚，翻山越嶺，勘查地形，反覆對比，決定在湘江上游海洋河面分水村河段作為分水點。他們用巨石砌

成一條約半里長六公尺高的「人」字堤，頂部前銳後鈍，形如犁頭，故名「鏵堤」。河堤強把河水三七分流，三分經南渠流入灘水，七分經北渠引入湘江。

「人」字堤後面開出一個分水塘。他們僅憑目測、步測，便能準確地找到湘漓的連接點、分水點和分水比例。

鏵堤分水後，形成了北渠和南渠。北渠在湘江故道河谷平原，迂迴曲折，迤邐盤桓，呈「S」形，長四公里，比故道長一倍。這樣，可以延長流程，減緩流速，便於通漕，又可以擴大湘江的灌溉面積，可謂一舉兩得。南渠經興安城東北接靈水，經溶江鎮，匯入灘江。渠長三十多公里，還要過崗穿隘，工程艱巨，可想而知。

流水透過渠道便進入陡門。陡門是提高水位、便於舟楫浮渡的工程，這樣，舟楫就可翻坡過嶺。靈渠是世界上最早的提水通航工程，是近代船閘的始祖。

靈渠鑿成後，秦始皇迅速統一嶺南。僅此一點，史祿和他的同僚便功不可沒，功傳千秋。

隨著靈渠的開通，湘江與灘江的水運航道銜接起來，中原和百越之間舟楫往來，分水嶺不復存在，南北兩地的貨物得以互通有無，中原與百越之地的文化、經濟得以相互融合。

史祿之後，歷代相繼修復靈渠，共二十四次。其中，東漢初期軍事家馬援，唐代兩任地方官李渤、魚孟威修築靈渠業績為最；人們為了紀念他們，在靈渠旁為他們建立靈濟廟，後改稱四賢祠。

文化主體：天人合一的思想內涵

科技之魂 法天而行

靈渠之所以經千年洪水沖刷，仍巍然屹立，是因為秦代人將松木縱橫交錯，壓緊後插放在壩底，其四周再鋪以用鑄鐵件鉚住的巨型條石，形成整體。這個奧祕直至一九八〇年代維修時才發現。

靈渠選址，踏勘詳盡縝密，時至今天，其地質、地形運用皆仍舊令人嘆為觀止。興安的中部地勢是中間高兩邊低，形成東北、西南向低山槽，海拔兩百五十公尺左右，南北兩側海拔五百公尺至一千五百公尺，史稱「湘桂走廊」。湘、漓之水同出一山，分源各流。

興安的東半部南高北低，發源於海洋山的海洋河沿北向傾斜地勢而下，經興安城北入洞庭，稱湘江。興安的西半部北高南低，發源於貓兒山的六洞河順勢南流，沿途匯流，稱大溶江，再匯靈河，稱灘江。灘江經桂林、梧州入西江。

興安城西北有始安河，興安城東有湘江一條小支流。兩水最近處不足三華里，其間橫亙著南北向的小土嶺，其寬不超過一華里，相對高度僅二十公尺至三十公尺。但這裡湘江河寬水急，工程浩大艱巨。溯源而上，切穿鰲頭嶺和龍王廟山，海洋河水流變緩，對於人築壩、水減速都十分有利，還可降低鑿渠深度。

劈山開渠，兩水落差五六公尺。海洋河水量大、水位低，始安河水位高、水量小。其中是靠著「鐵堤」工程達到三七分水取湘補漓的工作。

在青山綠水間，靈渠守持自己的天地，深得「天人合一」之奧妙，擁有著自己的價值。

坎兒井，是「井穴」的意思，早在西漢史學家司馬遷的《史記》便有記載，當時稱「井渠」，而新疆維吾爾語則稱之為「坎兒孜」。坎兒井是荒漠地區的特殊灌溉系統，普遍修建於中國新疆吐魯番地區。

吐魯番盆地位於歐亞大陸中心，是天山東部的一個典型封閉式內陸盆地。由於距海遙遠且周圍高山環繞，加上盆地窄小低窪，潮濕氣候難以浸入，降雨量很少，蒸發量極大，故氣候極為酷熱，自古即有「火州」之稱。但其北部的博格達山和西部的喀拉烏成山，春夏時節有大量融化的積雪和雨水流下山谷，潛入戈壁灘下。於是人們利用山的坡度，巧妙地創造了坎兒井，引地下潛流灌溉農田。

坎兒井是開發利用地下水的一種古老的水平集水建築物，適用於山麓、沖積扇緣地帶，主要用於截取地下潛水來進行農田灌溉和居民用水。

坎兒井的結構由豎井、暗渠、明渠和澇壩四部分組成，操作原理為在高山雪水潛流處尋其水源，每隔一定距離打一口深淺不等的豎井，再依地勢高下在井底修通暗渠，溝通各井，引水下流。地下渠道的出水口與地面渠道相連接，把地下水引至地面灌溉桑田。

正是因為有這樣獨特的地下水利工程把地下水引向地面，灌溉盆地數十萬畝良田，才孕育出吐魯番各族人民，使沙漠變成綠洲。

文化主體：天人合一的思想內涵
科技之魂 法天而行

　　吐魯番現存的坎兒井，多為清代以來陸續修建，如今仍澆灌著大片綠洲良田。坎兒井不因炎熱、狂風而使水分大量蒸發，因而流量穩定，確保自流灌溉。

　　在坎兒井建造過程中，暗渠的掏撈工程十分艱巨。暗渠又稱地下渠道，是坎兒井的主體。暗渠全部是在地下挖掘，一般高一百七十公分，寬一百二十公，短的一百公尺到兩百公尺間，最長的長達二十五公里。

　　在開挖暗渠時，為儘量減少彎曲、確定方向，吐魯番的先民們創造木棍定向法，即相鄰兩個豎井的正中間，在井口之上，各懸掛一條井繩，井繩上綁上一頭削尖的橫木棍，兩個棍尖相向而指的方向，就是兩個豎井之間最短的直線。然後再按相同方法在豎井下以木棍定向，地下的人按木棍所指的方向挖掘就可以了。

　　在掏挖暗渠時，吐魯番人民還發明了油燈定向法。油燈定向是依據兩點成線的原理，用兩盞旁邊帶嘴的油燈確定暗渠挖掘的方位，並且能夠保障暗渠的頂部與底部平行。但是，油燈定位只能用於同一個作業點上，不同的作業點又怎樣保持一致呢？挖掘暗渠時，在豎井的中線上掛上一盞油燈，掏挖者背對油燈，始終掏挖自己的影子，就可以不偏離方向，而渠深則以泉流能淹沒筐沿為標準。

　　暗渠越深，空間越窄，僅容一個人彎腰向前掏挖而行。由於吐魯番的土質為含矽酸鹽的黏性土，作業面又小，因此，要掏挖出一條二十五公里長的暗渠，不知要付出怎樣的艱辛。

據說，天山融雪冰冷刺骨，而工人掏挖暗渠必須要跪在冰水中挖土，因此長期從事暗渠掏挖的工人，壽命一般都不超過三十歲。所以，總長二十五公里的吐魯番坎兒井被稱為「地下長城」，真是當之無愧。

從生態學角度來看，新疆吐魯番坎兒井堪稱人與自然和諧相處的代表，在維護吐魯番地區的生態環境平衡上具有著舉足輕重的作用。

用暗渠引水避免了各種損耗，揚長避短、節水節能，這是何等的科學！同時，由於吐魯番高溫乾燥、蒸發量大，水在暗渠不易被蒸發，而且水流地底不容易被汙染，再有，經過暗渠流出的水，經過千層沙石自然過濾，最終形成天然礦泉水，富含眾多礦物質及微量元素，當地居民數百年來一直飲用至今，不少人活到百歲以上。

坎兒井是人與自然最和諧的一種關係。山上有多少水，就流下來多少水，也就透過坎兒井流到村莊多少水。坎兒井的水流到村莊以後，就形成水塘，有魚、有鳥，還有大樹；沙漠裡面只要有樹，樹蔭下面就是最涼快的地方，於是人們白天在樹下做手工活，晚上在樹下跳舞、唱歌，形成一種社區生活。

閱讀連結

在近代提倡和推廣坎兒井最有力和影響最大的人物首推林則徐。一八四五年，他遭戍伊犁途中，在距吐魯番約四十公里處看到坎兒井，當時十分驚訝，詢問知其利益後便竭力主張推廣。

　　在林則徐到新疆辦水利之前，坎兒井限於吐魯番，為數三十多個地方，林則徐將坎兒井推廣到伊拉里克等地，增開六十多處，共達一百多處。這些成就的取得與林則徐的努力是分不開的。

生物保護與天人合一觀

■商湯雕塑

　　那是在中國夏末商初之際，在亳這個地方有一個商部落，部落的首領商湯是一個非常仁慈的人，也是一個很有策略眼光的領導者。

　　有一次，商湯去野外狩獵，他看見有個人正在四面張開圍捕禽獸的大網，嘴裡還唸唸有詞地說：「願天下四方的禽獸都鑽到我的網裡來！」

商湯聽那人禱告時說的話，就走近前來，笑著對那人說：「以前蜘蛛蝥蟲結網捕食，現在人們也學會了。但像您這樣四面張網，不是把天下的鳥獸都捕盡了嗎？以後您還捕什麼呢？真這樣的話，所有禽獸就被殺光了！除了像桀那樣的暴君，誰還會做這種事呢？」

那人一聽，連連點頭。商湯建議那人撤掉三面網，只留一面。那人接受建議，商湯便幫助他重新裝上一面網。

布網之後，商湯又跪在地上，親自教那人這樣進行禱告，他說：「所有的生靈啊，想向左的就向左，想向右的就向右，想往高處飛的就往高處飛，想要往下鑽的就往下鑽。剩下那些違背天道，命該絕的，就請到我的網裡來吧。」

商湯「網開一面」的故事很快就被人們傳了出去。各地諸侯聽到後，都十分感慨地說：「商湯不但關心老百姓，還關心禽獸生死，他的德行真高啊！」

商湯布德施惠的政策贏得了諸侯的信任，諸侯們認為，商湯的仁德既然可以施與禽獸，也就必能施與人，於是紛紛歸附於商湯。

商湯為了愛鳥網開一面的行為說明古人已經發現，要是想利用自然資源，尤其是生物資源，就必須保持良好的生存環境與合理開發，避免過度利用。

中國古代先民對人與自然的關係具有獨特的見解。古人認為，人、地、天在相互制約中發展，這是一種自然的客觀規律，人不能任意違背，只能與天和諧相處，這就是「天人合一」。

文化主體：天人合一的思想內涵

科技之魂　法天而行

　　「天人合一」思想是一套先進的科學生態理論，構成古代先民自然生態觀的基礎，教導他們生物生態的知識，制約人們處理人與生物關係的行為。

　　生態是一個系統，其中的生物佔有絕對重要的地位，包括植物和動物。多樣的生物不僅維持了自然界的持續發展，同時也是人類賴以生存和發展的基本條件。「天人合一」思想被古代先民奉為一種神聖的精神，形成對自然界生物的一種「遂性」觀念，即讓生靈萬物各按其本性自由自在地去生存、發展。

　　古人一方面推崇生物自由發展，一方面反對對生物進行無限制的索取。對破壞生物自由發展的行為有所禁止，因而產生一些保護生物的律令。

　　中國保護生物的律令最早可以追溯到夏代，據《逸周書 · 大聚解》載，大禹具有良好的生態保護意識：

　　禹之禁，春三月，山林不登斧，以成草木之長；夏三月，川澤不入網罟，以成魚鱉之長。

　　由此可見，為保護山林草木、川澤魚鱉等動植物資源，大禹時期就規定春季三個月不允許帶斧頭等砍伐工具上山，以利於草木的生長；夏季三個月不允許帶網罟等捕撈工具下河，以利於魚鱉繁衍生殖。

　　這是對保護草木魚鱉等生物生長的措施，說明早在三、四千年前，人們就已經針對某些破壞自然生態的行為規定明確的刑律懲處。

古代智者將人們長期累積的生存經驗上升為對於「度」的認知，將適度思想納入文化體系。比如周文王臨終之前囑咐周武王加強山林川澤的管理，告訴人們不可盡數捕殺動物，讓動物各得其所、正常繁衍生息。

　　對此，《逸周書‧文傳解》記載說：

　　山林非時不升斤斧，以成草木之長；川澤非時不入網罟，以成魚鱉之長；不麝弸不卵，以成鳥獸之長。

　　意思是說，山林不到季節不用斧頭，以成就草木的生長；河流湖泊不到季節不下漁網，以成就魚鱉的生長；不吃鳥卵不吃幼獸，以成就鳥獸的生長。

　　顯然，古人已經懂得在向自然界索取資源時，一定要有節制，要注意時令，要按一定的季節進行捕魚、獵獸等生產活動。周文王的規定，更為適「度」，人與自然界生物的關係更為顯現。

　　中國古代文獻《國語‧魯語》中記載了一個「里革斷罟」的故事，據這個故事的描述，魯國大夫里革在執行周文王的法令時很堅決。

　　有一年夏天，魯宣公到泗水捕魚，里革勇敢地站出來干涉，他表示，根據周文王規定的「川澤非時不入網罟」的制度，認為魯宣公的做法違反了古制。

　　里革不但把魚網撕毀扔進水裡，而且大聲向魯宣公宣講古訓：為了保護草木鳥獸魚蟲，使之繁衍生息，山上再生出來的樹木枝條不得再砍，水中未長大的水草不能割，捕魚不

捕小魚，捕獸不捕幼獸，不能摸鳥蛋破穀卵，不能破壞未成形的幼蟲。

里革的古訓可以理解為就是法令，能以保護環境的法令制止君王的違法，這說明古人對環境保護多麼重視。

西元前五二四年，周景王鑒於國庫吃緊，打算鑄金幣。卿士單穆公表示反對，認為單靠鑄錢幣的辦法並不能解決國庫虧空的問題，因為鑄錢所需金屬原料要靠挖掘山林而得，而破壞山林是不應該的。

單穆公高瞻遠矚，從整體利益出發，把保護山林川澤和國計民生聯繫在一起。他說：「如果山林資源枯竭，沒有虞衡的管理，水泊不出產，人民無力生產，田地荒蕪，物資匱乏，君長只有忙於應付危險局面，哪有安樂可言呢？」

夏商周時期保護自然界動植物的觀念，被後世各王朝所接受。例如唐代便規定：「凡采捕畋獵必以其時，冬春之交，水蟲孕育，捕魚之器，不施川澤；春夏之交，陸禽孕育，餧獸之藥不入原野；夏苗之盛，不得踐籍；秋實之登，不得焚燎。」

宋代也有類似的機構與法律，規定「民二月至九月，無得采捕蟲龜，彈射飛鳥」。為了保護動物，還下令收繳捕獵工具。宋太祖時期，禁止嶺南地區捕象，作為配套的措施，命令地方官收繳當地的捕象工具。

更值得一提的是，宋代一度流行「皮草」，流行以「鹿胎為冠」，宋仁宗知道後，立刻下令：「禁戴鹿胎冠子，及無得輒捕製造。」

元代對於保護動物更加重視，力度也更大。

對於傳統的保護生物之禁，到了明代更為豐富具體。據
《明史‧職官志》的記載：「凡鳥獸之肉皮革骨角羽毛，可
以供祭祀、賓客膳羞之需，禮器軍實之用，歲下諸司采捕。」
同時規定了諸司采捕的具體數量，不可超額，如「水課禽
十八，獸十二；陸課獸十八，禽十二」等。

這表明，直到明清時期，仍在繼承著夏周以來保護動植
物的律令和政策。由此可見，中國古代幾千年來一直有著保
護生物生態、平衡生物生態的傳統。

閱讀連結

清代學者錢大昕的《十駕齋養心錄》卷下有「雞鴨諫議」
條，說宋高宗於一一三五年頒布詔書，禁止在陰雨成災時屠
殺動物祈禱放晴，禁屠的動物中甚至包括雞鴨。右諫議大夫
借此稱頌皇帝的德政。中書舍人胡寅笑道：「雞鴨的事，難
道也是諫議大夫主管的嗎？聽說女真統兵將領有稱『龍虎大
王』的，下次北軍南犯，就讓『雞鴨諫議』去抵擋『龍虎大王』
好了。」

胡寅的嘲笑是有道理的。動物保護對象竟然至於雞鴨，
確實有擴大化的傾向，然而這則故事同時也說明，動物保護
觀念的確是和儒學講求仁政德治的正統意識相互契合的。

▌古代科技與天人合一觀

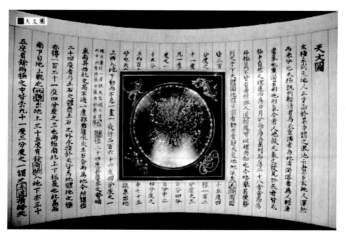

■天文圖

　　中國古代科技取得輝煌成就固然與多種因素有關，但作為古代人文精神延伸的一個重要基礎，「天人合一」思想仍發揮一定的作用。

　　在中國傳統文化中，「天」作為核心觀念之一，涉及社會生活幾乎所有領域，貫穿古今，深入人心，在表達中國人的思想感情方面發揮十分關鍵的作用。正是由於這樣的特徵，才使得「天」的觀念在中國古代科技發展中產生了深遠影響。

　　掌握天文學知識是一個民族發展的起源和根本。中國古代對「天」的崇拜以及在此基礎上產生的「天人感應」觀念，使人們能夠及時而細緻地觀測到天象和氣象的變化，從而獲得重要發現。

中國有世界公認的首次關於哈雷彗星的確切記錄。據《春秋》記載，西元前六一三年，「有星孛入於北」，即指哈雷彗星，這項記錄比歐洲早六百多年。

建立曆法系統與天文觀測有直接的關係。

春秋時期，中國曆法已經形成自己固定的系統，基本確立了十九年七閏的原則，這比西方早一百六十年。

戰國時期出現世界上最早的天文學著作《甘石星經》。在長期觀測天象的基礎上，戰國時期楚人甘德、魏人石申各寫出一部天文學著作，後人把這兩部著作合稱為《甘石星經》。其中有豐富的天文記載，反映那個時期人們對天文現象的認識。

《甘石星經》詳細記載了金、木、水、火、土五星之運行情況以及它們的出沒規律，肉眼記錄「木衛二」，還留下八百多個恆星的名字，測定一百二十一顆恆星的方位，並劃分其星官。該體系對後世發展具有深遠影響。書中還提及日食、月食是天體相互掩食的現象。

中國有世界上最早、最完整、最豐富的日食記錄，光是古書的史料就有一千多次日食記錄。最早是《尚書》記載的發生在西元前一九四八年的一次日食。《詩經》中更是詳細記載了發生在西元前七七六年九月六日的日食：「十月之交，朔日辛卯，日有食之。」

東漢時期，著名天文學家張衡從日、月、地球所處的不同位置，對月食作了最早的科學解釋。張衡發明製作的地動

儀，可以遙測千里以外地震發生的方向，比歐洲早一千七百多年。

中國古代關於流星雨的記錄，大約有一百八十次之多，其中天琴座流星雨記錄大約有九次，最詳細的記錄見於《春秋》：

魯莊公七年夏四月辛卯夜，恆星不見，夜中星隕如雨。

魯莊公七年是西元前六八七年，這是世界上關於天琴座流星雨的最早記錄。

中國史書上還詳細記載了超新星爆發形態和過程。《史記‧天官書》：「客星出天廷，有奇令。」意思是說，天上出現超新星爆發，地上必有奇異的政令。明無名氏《觀象玩占》：「客星，非常之星，其出也無恆時，其居也無定所，忽見忽沒，或行或止，不可推算，寓於星辰之間，如客，故謂之客星。」

古代記載中的客星，主要是彗星、新星和超新星以及其他天象。超新星爆發的殘骸即今天仍可見到的蟹狀星雲。根據上述兩則觀測記載描述的情況看，古人觀測到的超新星爆發的原理和演化過程與現代恆星演化理論非常吻合，因而這項觀測記錄就成為支持現代恆星演化理論的重要證據。

由於「天」的觀念不侷限於天空，所以「天」的觀念對科技發展的影響也不侷限於天文氣象領域。中國古代醫學強調「天人相應」，「人與天相參也，與日月相應也」。中醫透過陰陽、五行、六氣與天干、地支的交叉、排列、組合，來建立「天人相應」的具體聯繫。

中醫認為，人體生命活動受四時陰陽的影響，因此生理過程必定呈現一定時間規律，而與天相應合。這些認識成果很多已在現代生理生化實驗中得到證實。中醫之所以有獨特療效，在養生和防治上取得一些西醫達不到的效果，原因之一可能就在於「天人相應」觀念彌補了單調生理解剖的認知模式的不足。

「天人相應」觀念也對中國古代農業發展史產生很大影響。《呂氏春秋》中說，莊稼，播種它的是人，令它成活的是土地，滋養它的是上天。就是說把農作物的生長看作是在天、地、人共同作用下完成的過程。

北魏農學家賈思勰強調：順應天時，裁量地理，根據規律辦事，那麼用力少而成功卻多；如果放縱情慾違背大道，就會勞動而沒有收穫。這就需要不斷協調天、地、人三者關係，將農耕置於天地萬物大環境中，注重天人和諧地相互影響、相互作用。

在工程技術方面，中國古代提出「制器尚象」的原則，即經人透過效仿自然之象創製器物，以利天下。明代著名科學家宋應星著《天工開物》一書，其要義在於說明物生自天，工開於人，即所謂「天工人其代之」。

人應該順應自然，善於利用自然而不是破壞自然環境，應保持人工與天工的和諧。因此，在古代紡織、食品加工、陶瓷、造紙、機械等技術領域，中國傳統工藝多用天然材料，很少出現環境汙染的情況；即使是在採礦、鑄冶等破壞自然的工作領域，他們仍儘量增加技術過程中的自然因素。例如

文化主體：天人合一的思想內涵
科技之魂 法天而行

開採煤礦時注意通風、排水、支護、回填以至共生物硫化鐵的回收；在炒鋼時以黃土、稻草為熔劑造渣，滲碳制鋼時以松木、豆豉作為滲碳劑。此外，「天人相應」的觀念還影響到中國古代的建築、水利等其他技術領域。

　　總之，「天人合一」思想對中國古代的天文、曆法、中醫、農業、傳統手工藝等領域產生重要影響，指引人們取得多項科技成果，展現中華傳統文化的豐富底蘊和魅力。

閱讀連結

　　中國古代十分重視北斗七星。據戰國時期楚人甘德、魏人石申的天文學著作《甘石星經》：「北星謂之七政，天之諸侯，亦為帝車。」皇帝坐著北斗七星視察四方，定四時，分寒暑。把北星七星的斗柄方向變化作為判斷季節的標誌之一。

　　斗柄東指，天下皆春；斗柄南指，天下皆夏；斗柄西指，天下皆秋；斗柄北指，天下皆冬。斗為帝車，運於中央，臨制四海；分陰陽，建四時；均五行，移節度，定諸紀，皆繫於斗。因此，古人說：「斗者，天之喉舌。」

養生精要 天人相應

　　中醫學「天人合一」的概念認為：人體有自己的生命活動規律，與自然界具有相通相應的關係。不論是日月運行還是地理環境，各種變化都會對人體的生理、病理產生重要影響。在這種思想指導下，《黃帝內經》為傳統中醫養生學累積豐富的經驗。

　　《黃帝內經》以「天人合一」思想為指導，從醫學角度揭開人與自然關係的實質，確立傳統中醫養生「形神合一」、「陰平陽祕」、「合理膳食」等基本的養生觀念，並且達到盡善的境界。

《黃帝內經》的天人相應

■黃帝畫像

　　傳說，黃帝時期出現了三位名醫，他們是雷公、岐伯和俞跗，都是黃帝之臣。其中的岐伯又是黃帝的太醫，奉黃帝之命典主醫病，白天嘗味各種草木、識別藥性，晚上習養生之道，掌握經絡醫術。

　　相傳岐伯曾乘坐由十二隻白鹿拉的絳雲車，遨遊於東海中的蓬萊仙山，奉黃帝之命向仙人求不老之藥，十分浪漫。他還懂音樂，會做樂器，測量日影，多才多藝，才智過人。

　　在巡遊各地的過程中，岐伯見許多百姓罹患疾病，便立志學醫，四處尋訪良師益友，精於醫術脈理，遂成為名震一時的醫生。

　　黃帝也是一個十分關注天下蒼生命運的人，為了救治民疾，他誠懇地尊岐伯為老師，兩人一起研討醫學問題。他們

探討的內容在後來的戰國時期被人整理成書，這就是《黃帝內經》，其中多數內容就是以岐伯與黃帝答問形式寫成的。

中國醫學素稱「岐黃」，或謂「岐黃之術」，岐伯當屬首要地位。

《黃帝內經》與世界上眾多其他醫書的根本不同之處在於，它不是一本單純的醫學著作，而是注重人與自然等基本理論的論述。唐代醫學家王冰在《重廣補註黃帝內經素問》中稱，《黃帝內經》「上窮天紀，下極地理，遠取諸物，近取諸身，更相問難」，意思是此書結合天地間的種種事物，來討論人體有關生理、病理等方面的醫學問題。

事實上，《黃帝內經》以「天人合一」思想為方向，在人與自然的和諧共存方面與人與天地的利用相應方面，都做到盡善的地步，確實到了極高的境界。

據考證，「天」字在《黃帝內經》中出現了三千一百九十九次，並有著許多不同的含義。這裡的「天」不僅指的是自然界的天，又是主宰萬物之神靈的天。

對於自然界的「天」，《素問 · 天元紀大論》說：廣闊無際的天空，是宇宙造化的原始基礎，萬物滋生的開始。天有五運、九星、七曜，而五運是布施天地真元之氣，總領大地萬物生長的基礎九星懸朗，七曜旋轉是產生陰陽、柔剛、晝夜、寒暑的根本原因，生化不息，使萬物呈現茂盛之機。

這裡的天是指充滿著宇宙的物質基礎，萬物生長的根源。天是可以產生陰陽、柔剛、晝夜、寒暑的根本原因，萬物生生不息的機制，這是大自然的天。

文化主體：天人合一的思想內涵

養生精要 天人相應

　　主宰萬物之神靈的「天」，是一切至高無上的神，能賞善罰惡，是主宰一切的至高無上的神，人間的一切都在「天」的掌握之中。人其實受天的制約。

　　因此，《黃帝內經》對於「天」的主要思想觀點是，人要遵循天地運動之規律，把握天道。這樣，「天」自然會「列星隨轉，日月遞照，四時代御，陰陽大化，風雨博施」，這是具有無窮智慧自然之神的恩惠。

　　「人」字在《黃帝內經》中總共出現了三千六百五十五次，《黃帝內經》認為人的起源，是在宇宙中特定的環境下生成的。天地交匯陰陽之氣形成有靈性的生命，就叫做「人」。

　　《素問‧寶命全形論》說：「天覆地載，萬物悉備，莫貴於人。」由於上天的庇護、大地的承載，萬物皆備，但是在萬物之間，沒有比人更高貴的了，因為人有靈性有智慧，是「天」這個神靈創造的。

　　人是天地造合的，又與天地的變化密切關聯，所以人要遵循四時法則，隨著春生、夏長、秋收、冬藏的規律成長。人體的功能活動隨著自然界的運動而發生相應的變化。

　　《黃帝內經》認為人的生命來源於自然，人不僅依賴天地之氣而生，生命活動也與自然界息息相關，因此，正確的認識和掌握自然界運動變化規律，對人體有益。

　　《黃帝內經》認為，人體與天相應和。人們身體中的九竅、五臟、十二關節等，皆與天地陰陽五行相互貫通。

比如人與天通：「天有日月，人有兩目；天有風雨，人有喜怒；天有雷電，人有聲音；天有四時，人有四肢；天有五音，人有五臟；天有六律，人有六腑；天有冬夏，人有寒熱；天有陰陽，人有夫妻；天有晝夜，人有臥起；天有列星，人有牙齒。」等等。

再如人與地通：「地有九州，人有九竅；地有高山，人有肩膝；地有深谷，人有腋膕；地有十二經水，人有十二經脈；地有泉脈，人有衛氣；地有草蓂，人有毫毛；地有小山，人有小節；地有山石，人有高骨；地有林木，人有募筋；地有聚邑，人有䐃肉。」等等。

人體與天相應和的表現，如以關節為例，就是四肢應四時。人的關節與節氣相關，與天氣變化相關；臨床上許多人的關節反應往往比氣象預報還要準確，天氣預報沒有雨，他們說有，結果真的下雨了。

由此可見，「天人合一」主要表現為天與人的相互作用，天與人的規律相通，天與人的結構類似。

《黃帝內經》認為，人體與自然相應和。比如，「五輸穴」是十二經脈各經分佈於肘膝關節以下的五個重要穴位，即井、荥、輸、經、合，這些穴位是按自然界中水的流勢命名的。其中的井穴在指趾端，為脈氣發出之處，剛發出的脈氣有如泉水自地而出，逐漸由微而盛，而至灌注，而至轉輸，而至流通，最終如山溪到江、河、湖、海。

文化主體：天人合一的思想內涵

這種用自然界的江河湖海的含義來引喻人身體經脈通道的闡釋，充分展現人與自然的關係，其主旨就是「天人合一」。

《黃帝內經》認為，人體與地理環境相應和。由於人們的生活習慣、氣候與生活條件不同，在地理環境的影響下，各自有其體質差異。

東方之人，魚類吃多了可以使人產生內熱，鹹味食多了容易損傷血液。人們的皮膚顏色較黑，肌肉的紋理也比較疏鬆，而且容易發生疼痛類的疾病。

西方之人，不講究衣著，穿的是用毛布或粗布做的衣裳，坐臥的也是草編成的褥席，但是很講究味道鮮美。他們吃的食物以肉類與脂肪較高的為主，體型因而比較肥胖，這種體質對外界的環境適應能力較強，外邪不容易侵入人體，但容易使體內產生病邪。

北方之人，喜歡居住在野外的帳篷裡，並且經常遷移住所，吃的多是牛、馬、羊等動物的乳汁。他們的內臟容易因此受寒，發生脘腹脹滿這類的疾病。

南方之人，喜歡吃酸味和經過發酵製作的鼓酢曲醬食品，他們的皮膚以及肌肉紋理疏鬆，而面色較紅。由於那裡的濕熱之氣過勝，所以發生的疾病，適宜用針灸的方法。

中央之人，由於人們體力活動較少，氣血運行不夠流暢，所以容易產生四肢運動無力的「痿」病，以及手足或者「冷」或者熱的「厥」病。

《黃帝內經》認為人們在不同的地理環境條件下，由於受不同水土性質、氣候類型、生活條件、生活習慣的影響，生理上會形成某些特殊的體質。

　　一般來說，北方人喜食麵、怕熱、身材相對高大，而南方喜食米、怕冷、身材相對矮小。

　　所以，當人們一旦南北易居，常常不能適應新的地理環境與氣候，由於過冷或過熱，會產生水土不服之症狀。從這裡可以看出，傳統中醫對因異地而居所發生的水土不服之症已有了相當深刻的認識。

　　《黃帝內經》還認為，不同地區的地理環境，對人的壽命也有一定的影響。

　　《黃帝內經》揭開人體與時間的關係，其中寫道：

　　正月、二月，天氣始方，地氣始發，人氣在肝；三月、四月，天氣正方，地氣定發，人氣在脾；五月、六月，天氣盛，地氣高，人氣在頭；七月、八月，陰氣始殺，人氣在肺；九月、十月，陰氣始冰，地氣始閉，人氣在心；十一月、十二月，冰復，地氣合，人氣在腎。

　　《黃帝內經》同時說明人體與日月的關係。書中表示，氣候溫和，日色晴朗時，人的血液流行滑潤；氣候寒冷，天氣陰霾，人的血行也滯澀不暢。月亮初生的時候，血氣開始流利；月正圓的時候，則人體血氣充實，肌肉堅實；月黑無光的時候，肌肉減弱，經絡空虛。人體的氣血的盛衰可以根據月亮的盈虧消長、日色的晴朗陰霾而變化，這種規律是以「天人合一」的思想觀念為基礎的。

總之，《黃帝內經》把天、地、人作為一個整體，把人放到天地、自然、社會之中談人的生命健康，展現「天人合一」的基本含義。

閱讀連結

軒轅黃帝是一個達到了後世所說的「天人合一」境界的遠古聖賢，從而激發出意識深處的大智慧和無窮創造力。

軒轅黃帝參悟宇宙運行邏輯與人類社會秩序間的對應關係，確定中國本土宗教道教的法道思想體系。他悟道以後，召集了許多傑出的人才，一起完成創造文字、確定曆法、製造樂器等等工作。在科技領域，他帶領人民開發原始農業，研討醫學，發明指南儀，製造干戈、戰車，燒製陶器，確定算數等等，為人類文明的進步帶來傑出貢獻。

《黃帝內經》的天道人道

■軒轅黃帝雕塑

那是在很久很久以前，居住在中國中原一帶的華夏族有一個有熊部落，部落的首領叫少典，他的妻子是有嬌氏部族的女子附寶。因為後人有的稱有熊部落為有熊國，少典便被稱作有熊國國君。

西元前二七一七年農曆三月初三，少典的妻子附寶在軒轅之丘生下了一個男孩。由於孩子出生在軒轅之丘，少典給兒子取名為軒轅氏。相傳軒轅氏一生下來沒多久便能說話，顯得非比常人，很有靈性，到了十五歲更是無所不通。西元前二六九七年，二十歲的軒轅氏繼承有熊國君主的王位。因軒轅氏出生的軒轅之丘的土為黃色，而且能生成物，有土德之瑞，故在繼承王位後稱為黃帝。

據古籍《太乙數統宗大全》記載，黃帝即位的那一天，出現了「五星聯珠」的異常天象。五星是指太陽系九大行星中的金星、木星、水星、火星和土星，五星聯珠是指這五顆星在一條直線上。

黃帝登上王位，天現吉兆，認為這是上蒼的恩賜，降福人間。為了感謝天地神靈賜福，黃帝開始巡遊天下，登臨泰山祭拜，祈求上蒼保佑華夏子孫，永遠身體健康，長壽幸福。

黃帝聽說崆峒山有個叫廣成子的仙人，深得養生長壽之法，年一千二百歲而未衰老，就專程去拜訪他，向他請教養生長壽的要訣。

廣成子見黃帝誠心誠意，心中甚慰，就給黃帝講養生長壽的道術。廣成子說：「修道所要達到的最高境界就是心中一片空明，也就是在修煉之時，看不見、聽不到身邊的任何

事物，全神貫注，凝神靜修，排除外界一切干擾。這時，你的身體就會十分潔淨，你的心神就會十分清爽，你就會遵循天地之道，專心地做好一件事情，也就可以獲得長生了。」

廣成子告訴了黃帝長生不老的修煉方法，還授予黃帝《自然之經》、《陰陽經》等經卷，希望黃帝認真研習，勤加修煉，獲得長生。

黃帝向廣成子問道後，又登上王屋山，得到了講述煉丹術的經書，並向玄女、素女詢問房中術，瞭解性與長生不老、延年益壽相結合的道理，然後回到自己的行宮。經過長時間的修煉，他深諳長生之法。

黃帝晚年的時候，來到中原腹地首山，采來銅礦，在荊山下鑄鼎，用來熬煮油烹食物，由此開啟中國食療養生的先河。

據說黃帝鑄鼎烹食後，加上原來學到的養生之法，從此長生不老，得道成仙，最後被天上飛來的金龍帶到天庭，列入仙班。

這個傳說發展到殷商時期，形成天神、地祇和人鬼的神靈系統和敬天法祖的信仰傳統，至東漢時的道士張道陵創立五斗米道時，尊黃帝為古仙人，此後的道書仍然以黃帝為古仙人。

黃帝的食療養生方法經後世醫家、醫學理論家的增補，於春秋戰國時期集結成書，名為《黃帝內經》。《黃帝內經》在養生方面頗有建樹，其中有一個非常重要的思想，這就是「治未病」。書中說：

不治已病，治未病，不治已亂，治未亂。

意思是說，不治療已發生的病變，治療未發生的疾病，不治理已經亂了的世道，治理未亂的世道。

「治未病」包括未病先防、已病防變、已變防漸等多個方面的內容。「防」的主旨在於預防疾病，而防病的方法就是注重養生保健，防病於未患。

未病先防，重在養生。因此，「治未病」成為傳統中醫養生的基礎工作和根本出發點。

《黃帝內經》確立傳統中醫養生的基本觀念，包括「天人合一」、「形神合一」、「陰平陽祕」、「正氣為本」與「合理膳食」的養生觀。

中醫學「天人合一」的概念是中國古代哲學概念，是指人生活在天地之間，宇宙之中，一切活動與大自然息息相關。

中醫學認為，人體有自己的生命活動規律，自然界的四季氣候變化就能直接影響到人的情感、氣血、臟腑以及疾病的產生。在這種思想下，中醫養生學認為人類必須掌握和瞭解四季氣候變化規律和不同自然環境的特點，順應自然，保持人體與自然環境的協調統一，才能養生防病。

舉例而言，春三月，應晚睡早起散步，舒緩身體，以使神志隨生發之氣舒暢；夏三月，應晚睡早起，不要厭惡白天太長，應使腠理宣統，使陽氣疏泄於外；秋三月，應早睡早起，保持意志安定，使精神內守，不急不躁；冬三月，應早睡晚起，等到太陽出來再起床，避開寒涼保持溫暖，不能讓皮膚開張出汗而頻繁耗傷陽氣。對於四季不正之氣能夠及時迴避。

文化主體：天人合一的思想內涵

中醫學「形神合一」理論來自《黃帝內經》，這種理論始終建立在客觀生理結構的基礎上。首先從生命起源來看，是形俱而神生，即認為先有生命、形體，然後才有心理活動的產生。

形神合一觀認為，神是形的主宰，形是神的基礎。其中，形是指軀體、身體，神是指思想、思維。中醫學提出「形神合一」，乃是強調形與神的密切聯繫。只有人的身體與精神緊密地結合在一起，即形與神俱、形神合一，才能保持與促進健康。

形神合一觀要求保持精神上清淨安閒，無慾無求，心志閒舒，心情安寧，沒有恐懼；調整自己的愛好以適合世俗習慣，不生氣，不使思想有過重的負擔，以清淨愉悅為本務，以悠然自得為目的。

春天使情志隨生發之氣而舒暢，夏天保持心中沒有鬱怒，秋天保持意志安定不急不躁，冬天使意志如伏似藏，保證心裡充實。這樣一來，真氣深藏順從，精神持守而不外散。

中醫「陰平陽祕」的養生觀來自《黃帝內經》，書中說：「陰平陽祕，精神乃固，陰陽離決，精氣乃絕。」意思是說，陰陽平衡的時候，精力和精神就會穩固，陰陽不平衡的時候，精力和神氣就會遠離。這段話闡述陰陽的平衡對生命活動的重要意義。

調和陰陽是最好的養生方法。陽氣固密於外，陰氣才能內守，如果陽氣過於亢盛，不能固密，陰氣就要虧耗而衰竭；

陰氣和平，陽氣周密，精神才旺盛；如陰陽離絕而不相交，那麼精氣也就隨之耗竭。

「陰平陽祕」作為人的健康狀態，展現在生命活動的不同方面和不同層次上，如酸鹼平衡、血糖平衡、代謝平衡等。此外，恆定也是其一表現：如果身體能達到恆定的狀態，那就是健康的。

中醫「正氣為本」的養生觀，是指人體的機能活動和對外界環境的適應能力、抗病能力及康復能力。中醫認為疾病發生和早衰的根本原因就在於身體處於正氣虛衰。正氣充足則人體陰陽協調、氣血充盈、臟腑功能正常，能抵抗外邪，免於生病。正氣不足則邪氣容易損害人體，機體功能失調，產生疾病。

中醫「合理膳食」的養生觀源於《黃帝內經》，書中提出「穀肉果菜，食養盡之」的理論，基於此，它特別強調天人相應、調補陰陽和審因用膳的觀點。

天人相應是指人體飲食應與自己所處的自然環境相適應。例如，生活在潮濕環境中的人群適量地多吃一些辛辣食物，對驅除寒濕有益；而辛辣食物並不適於生活在乾燥環境中的人群，所以說各地區的飲食習慣常與其所處的地理環境有關。

調補陰陽，是指透過合理飲食的方法來調節人體陰陽的平衡。例如，甲魚、龜肉、銀耳、燕窩具有養陰生津、滋陰潤燥的功效，食之可補陰虛；羊肉、狗肉、鹿肉、蝦仁具有

溫腎壯陽、益精填髓的功效，食之可補陽虛。這些就是飲食調補陰陽的展現。

審因用膳，是指根據個人機體情況來合理地調配膳食。在保證全面營養的前提下，應根據每個人的不同情況適當地調配飲食結構。如陰虛者多進食補陰的食品；陽虛者多進食補陽的食品；氣虛者多進食補氣的食品；血虛者多進食補血的食品；體質偏於實症者多進食一些有清瀉作用的食品。

《黃帝內經》中確立的中醫養生觀，可以解答人的身體平時發生的許多狀況。

如對於年紀大了的人睡不著覺，而年紀輕的人卻睡不醒，《黃帝內經》說：人的睡覺和覺醒，安靜和運動，都是跟著日月星辰運作的，和日昇日落，潮漲潮退一樣，都是非常自然的事情。年紀輕的人，他的氣血循行的管道都是新的，所以氣血來來去去非常流利順暢，應該睡的時候就會睡著，應該醒的時候就會醒來了。而年紀大了的人，他的那個管道壞了，經常這裡那裡堵塞，就不能跟上日月星辰的節奏了，所以應該睡的時候他睡不著，應該醒的時候他又在太陽底下，都是氣血經脈惹的禍。

再如對於喝了很多熱水後有些人從頭上出汗，有些人從背上出汗，《黃帝內經》說：人的氣血可以分成「營氣」和「衛氣」兩類，營氣規規矩矩地在經脈裡運行，善於營養身體五臟六腑四肢百骸；衛氣是身體的衛兵，體表哪裡出了事，它總是第一時間趕到，所以也沒有一個明確的運行路徑。人喝了熱水後，著了風，毛孔就張開了，哪裡的毛孔開了，衛

氣就帶著汗液跑出來了，所以不一樣的人，出汗的部位也不一樣。

當然，除此之外還有其他方面的關於身體狀況的很多解答和建議。

由此可見，《黃帝內經》不愧是在「天人合一」思想指導下的一部養生寶典。

閱讀連結

黃帝小時口才伶俐，聰慧機智，長大後見聞廣博，能明辨是非，大家都很尊敬他，推舉他為部落聯盟領袖。

有一年夏天，黃帝帶人到野外打獵，中午天氣突變，一陣狂風過後，緊接著天空電閃雷鳴，突然一個炸雷響過，不遠處的一片森林起了大火。大火過後，人們發現殘灰中躺著兩隻野羊，一頭野豬，散發出被火燒焦的肉腥味。由於饑餓，黃帝就撕下一塊放進嘴裡一吃，覺得比生肉味道好，他便讓大家也都來嘗嘗。

由於黃帝部落的先民們吃上熟食肉，身體充分吸收營養，疾病因而減少，對後世食療養生影響深遠。

國家圖書館出版品預行編目（CIP）資料

文化主體：天人合一的思想內涵 / 楊國霞 編著 . -- 第一版 .
-- 臺北市：崧燁文化，2020.03
　　面；　　公分
POD 版

ISBN 978-986-516-168-2（平裝）

1. 中國哲學

120　　　　　　　　　　　　　　　108018856

書　　名：文化主體：天人合一的思想內涵
作　　者：楊國霞 編著
發 行 人：黃振庭
出 版 者：崧燁文化事業有限公司
發 行 者：崧燁文化事業有限公司
E - m a i l：sonbookservice@gmail.com
粉 絲 頁：　　　　　　網 址：
地　　址：台北市中正區重慶南路一段六十一號八樓 815 室
8F.-815, No.61, Sec. 1, Chongqing S. Rd., Zhongzheng
Dist., Taipei City 100, Taiwan (R.O.C.)
電　　話：(02)2370-3310 傳　真：(02) 2388-1990
總 經 銷：紅螞蟻圖書有限公司
地　　址：台北市內湖區舊宗路二段 121 巷 19 號
電　　話：02-2795-3656 傳真：02-2795-4100　　網址：
印　　刷：京峯彩色印刷有限公司（京峰數位）

定　　價：200 元
發行日期：2020 年 03 月第一版
◎ 本書以 POD 印製發行